말할 수 없는 비밀
들리지 않는 진실

윤재성 지음

○

추천의 글

지난 25년간 한 대기업의 건설회사에서 근무하였고, 회사에서 유학의 기회를 얻어 약 3년간 미국에서 수학한 경험이 있다. 영어가 중요한 환경이었던 만큼 영어를 잘하기 위해 투자한 시간과 노력은 결코 적지 않았다. 그럼에도 미국에서 대학 강의를 제대로 알아듣기란 여간 어려운 일이 아니었다. 매 강의를 녹음하고, 녹음 파일을 반복하여 듣는 것이 내가 진도를 따라잡는 방법이었다. 그때 절실히 느꼈던 것은 영어가 모든 것의 기본이라는 사실이었다.

현장에서 물러난 지금은 나의 후배들, 토목공학과 학생들을 가르치고 있다. 관련지식과 함께 건설업계에서 영어가 얼마나 중요한지, 해외 공사 수주가 얼마나 중요한지를 전달하고자 노력하고 있다. 전공공부와 더불어 영어에도 힘을 쓰라고 학생들을 항상 독려하며 점수를 위한 영어공부가 아닌 실제 현장에서 사용할 수 있는 영어능력, 즉 말하기와 듣기 능력 먼저 키우라고 강조한다.

우연히 책을 통해 윤재성 원장의 영어 익히기 방법을 만나게 되었을 때, 나의 학생들이 현장에서의 영어 의사소통 능력을 기를 수 있는 단 하나의 방법이 바로 이것이라는 생각이 들었다. 학생들에게 소리영어 방법을 얼른 알려주고 싶어 마음까지 두근거렸던 기억은 여전히 잊히지 않는다. 내 수제자이기도 한 서지형 양이 이 방법으로 영어를 익혀 불과 1년 만에 미국인들에게 "Are you local?", 즉 네이티브 스피커 아니냐는 말을 듣게 되었다는 것은 나의 가장 큰 보람이기도 하다.

/ 충북대학교 토목공학과 교수 박형근

작년 한 해를 뜨겁게 달구었던 여러 가지 정치경제적 이슈들 때문인 걸까, 해외에서의 삶을 꿈꾸는 이들이 더 많아졌다. 누군들 한 번쯤 생각해본 적 없겠냐마는, 누구에게도 절대 쉽지 않은 계획이다. 국내에서 먹고 살기가 점점 팍팍해진다고 체감하는 이들이 늘어나면서 해외 이민이나 해외 취업은 단순한 꿈에만 머물지 않게 되었다. 농담 삼아 말하곤 하던 '헬조선 탈출', 이들은 정말 해낼 수 있을까? 내 주변에도 더 늦기 전에 제2의 인생을 준비하려 하는 사람들이 많다. 파릇파릇 젊은 친구들부터 내 또래의 직장인들, 그리고 이미 은퇴를 한 어르신까지. 그들의 공통된 고민거리가 있다. 당연한 얘기지만 바로 영어다. 미국, 캐나다, 호주, 뉴질랜드… 살고 싶은 나라는 많지만 가서 뭐든 먹고 살려면 일단 영어가 능숙해야 하니, 원대한 꿈을 주저하게 만드는 1순위가 바로 언어인 것이다. 유학생활을 해본 사람도, 외국 출장을 여러 번 다녀본 사람도 용기가 안 나긴 매한가지란다. 어느 정도 영어 실력으로 원어민과 경쟁하는 것은 턱도 없는 것을 잘 알기 때문이다.

지인들과 그런 얘기를 나눌 때마다 생각나는 이가 바로 윤재성 원장이다. 그는 해외에서의 삶을 꿈꾸는 이들을 위해 영어라는 무기를 날카롭게 벼려주는 사람이다. 1년이라는 짧은 시간 안에 윤재성 원장의 가이드를 따라 영어를 완성해 입과 귀에 장착하고 주저 없이 해외로 떠나는 이들을 여럿 보다 보니 '나도 그럼 어디 한 번?' 하는 즐거운 희망을 갖기도 한다. 『말할 수 없는 비밀, 들리지 않는 진실』은 영어가 한시라도 급한 수많은 이들에게 빨리 전해져야 할 '영어 백신'이나 마찬가지이다. 나부터 이 책을 지인들에게 건네야겠다.

그대, 오늘도 탈출을 꿈꾸는가? 소리영어가 우리를 구할지니 이 책을 읽어보라!

/ 미디어초이스 제작본부장 · **PD** 안동수

100만 달러를 날렸다.

당시 나는 볼링 레일을 수입하는 작은 회사를 운영하고 있었다. 오늘의 협상 결과에 따라 내일의 수입 단가가 결정되었고, 회사 이익과 직결되었다. 단가를 협상하기 위해 급히 비행기에 오른 것도 하루 이틀이 아니었다. 그도 그럴 것이, 유선 상으로는 타협이 쉽지 않은 건도 대면 후에는 반드시 이뤄냈기 때문이다. 나의 간절함이 통한 것일 수도 있겠고, 혹은 아시아의 작은 나라에서 직접 찾아온 것에 대한 놀라움 때문이었을지도 모르겠다. 어찌 됐든 내게 영어는 '미래의 가능성'이 아니라 현실 그 자체였다.

그럼에도 100만 달러를 날리던 그 순간에는 영어가 어설퍼 제대로 응수하지도 못했다. 돈이야 다시 벌면 되지만 영어만큼은 자신이 없었다. 사업을 계속하려면 더 이상 이와 같은 실수를 되풀이해서는 곤란하다. 그들이 하는 이야기 하나하나를 놓치지 않고 모조리 알아들어야 한다. 원어민 수준으로 영어를 해야 한다. 그런데 어떻게? 100만 달러를 공중에 흩뿌리고 나니 그동안의 영어 공부법으로는 턱도 없음을 뼈저리게 느꼈다.

'문맹文盲은 있어도 언맹言盲은 없다'는 말이 있다. 아무리 문맹률이 높은 나라라 할지라도 말을 못 하는 국민은 없다. 맞다. 우리는 모국어를 글로 익힌 적이 없음에도 자유롭게 말한다. 모국어가 그렇다면 외국어는 왜 안 될까? 지금까지 얼마나 열심히 공부했는데, 그럼에도 우리는 왜 '이 모양 이 꼴'일까?

어쩌면 언어의 본질은 '소리'가 아닐까 하는 생각이 들었다. 모국어처럼 소리로 언어를 익히는 것이 자연스런 터득 단계일지도 모른다. 여기까지 생각이 미친 나는 나 자신을 테스트하기로 마음먹었다. 원어민들이 일상생활에서 말하고 듣는 '실제 영어'를 접하기로 했고, 그 재료로 미드나 할리우드 영화에 나오는 대사를 이용했다. 대사 한 문장을 녹음기로 편집해 이를 수백 번씩 듣고 따라하는 방식이었다. 스크립트 없이 보름 동안 한 문장만 들었음에도 도통 무슨 말인지, 의미 있는 단어로 들리지가 않았다. 단 한 문장이었음에도 말이다! 단어와 단어가 뭉쳐 들리는 바람에 말로 흉내 내기도 쉽지 않았던 것이다. 오기가 생겼다. '보름만 더 해보자!'

보름은커녕 몇 달째 반복하여 소리를 듣는 것에 지쳐갈 때쯤이었다. 극장에서 〈007 골든 아이〉를 보는데 쉴 새 없이 흘러가는 대사 중 한 문장이 우리말처럼 선명하게 귀에 쏙 들어왔다. "I have no problem with female authority."

제임스 본드가 본드걸에게 하는 말로 "나는 여자가 이래라저래라 하는 것에 별로 반감이 없습니다."라는 대사였다. 20년 가까이 된 기억이지만 그때를 떠올리면 지금도 털이 삐쭉 선다. '생경한 익숙함'이라 표현해야 할까? 그 감동은 여전히 잊을 수가 없다.

그 후에도 사업을 하느라 충분한 시간은 없었지만 틈틈이 듣고 또 들었다. 영화나 드라마에서 임의로 뽑은 대사 한 문장을 계속 반복하여 듣고 따라했다. 특히 유일하게 혼자만의 자유가 허락된 시간인 운전 중에는 무슨 일이 있어도 집중해서 들었다. '똑같이 흉내 낼 수 있어야 다음 문장으로 넘어간다'는 나만의 원칙을 반드시 지켰다. 그렇게 2년, 3년 흐르다 보니 어느새 대화 전체가 들리기 시작했고, 7년쯤 되었을 때 원어민처럼 영어를 듣고 말하는 나를 발견할 수 있었다. 미드나 할리우드 영화를 자막 없이 완벽하게 이해하고, 영어로 쓰인 책을 술술 읽으며 원어민과 그 어떤 주제로도 토론할 수 있게 된 것이다.

글은 단지 소리 언어를 기록하기 위한 기호에 불과하다. 그럼에도 우리는 알파벳부터 시작해 문법을 외우는 단계로 영어를 익혀왔다. 영어라는 '소리'를 글로만 배우려고 한 것이다. 이는 마치 음식 맛을 혀로 직접 느끼지 않고 오로지 시각에 의존하려는 것과 같은 셈이다.

그러나 영어를 습득하는 것은 결코 어려운 일이 아니다. 이제 우리가 할 것은 '호흡이 들어간 악센트', 즉 진짜 소리를 터득하는 것이며, 그동안 글과 발음기호로 익힌 소리를 버리는 것이다.

'고생길은 나 하나로 충분하다'는 간절한 마음으로 집필을 시작했다. 영어 대사 '딱 한 문장'을 한 달 넘게 들었던 사람이니 그 답답함과 고생을 누구보다 잘 안다. 이 책을 통해 왜 우리가 소리로 영어를 터득해야 하는지에 대한 당신의 궁금증이 충족되길 바란다. 더 나아가 '소리' 습득이 우리가 언어를 제대로 익히는 유일한 방법이라는 확신을 갖길 바란다. 온몸의 털이 쭈뼛 서는 감동을, 제대로 된 언어의 맛을 느끼는 감동을 느끼길 바란다.

2017년 1월 분당에서

흔히 농담 반 진담 반으로 이런 얘기를 한다. "내가 담배만 안 피웠어도 집을 한 채 샀어", "우리 스타벅스 커피만 매일 안 마셔도 아주 부자 되겠다". 모이지 않는 저축이나 요원한 내 집 마련에 대한 자조적인 유머이다.

혹시 영어 실력에 대해 그렇게 생각해 본 적이 있는지 궁금해진다. 대학생이라면 거의 10년 이상, 직장인이라면 최소 20년 이상씩 영어 공부를 계속해왔을 텐데, 지금 당신의 영어 실력을 연차로 가늠하면 어느 정도인가? 우리가 영어 공부에 얼마나 많은 비용과 시간을 들이는지는 이미 잘 알려져 있다. 한 해 10조 원 가량이 한국의 영어 사교육 시장으로 들어간다는 통계가 대표적이다. 대학생 A씨가 토익 점수 향상을 위해 이달 등록한 학원비 36만 원, 신입사원 B씨가 비즈니스 회화를 위해 등록한 전화영어 6개월치 49만9,900원 등이 모여 10조 원을 이룬다는 소리다. 우리는 지금 이 순간에도 이렇게 십시일반 하여 한 해 10조 원을 모으기 위해 달려가고 있다.

그렇다면 우리의 영어 실력은 매년 10조 원의 값어치를 하고 있는 것일까? 대부분의 사람은 고개를 절레절레 젓는다. 그간 쏟은 돈과 시간만 생각하면 화부터 나는 이들도 있다. 교육에 드는 돈은 대개 '투자'라고 생각하여 큰맘 먹고 지출하게 된다. 그러나 이쯤 되면 영어 공부에 드는 돈은 '투자'가 아니라 '소비'에 가깝다. '토익 900점 한 달 완성'을 장담하는 반에 등록했다면 한 달 후에는 점수가 900점은 넘어야 소위 말하는 투자 회수 아닐까. 그럼에도 대부분은 원하는 점수를 얻지 못하고 시간만 날린다. 그러고는 이렇게 자기 위안을 한다. "그래도 한 달 공부는 했잖아. 다니면서 배운 건 몇 가지 있어. 시키는 대로 내가 열심히 하지 않아서 그래. 어차피 한 달 해서 900점은 못 넘을 줄 알았다고. 나도 뭐 900점씩이나 바란 건 아니야. 한 달쯤 더 하면 어떻게든 되겠지⋯⋯." 말줄임표 속에는 수많은 후회와 자책의 말이 숨어 있다. 너무나 안타깝다.

자꾸 10조 타령을 하니 숫자 감각이 마비되는 듯하지만 서울 시의 1년 예산이 21조 원이라는 것을 생각하면 얼마나 큰돈인지 대략 가늠이 된다. 한국 사회는 계속해서 이런 거액의 돈을 허공에 날려야 하는 걸까? 그놈의 영어, 이만하면 꽤 무섭고 지긋지긋한 존재처럼 보인다.

그동안 어떻게 공부했기에 우리는 여전히 영어를 못하는 것일까? 문법을 외우고, 통문장을 노래하듯 외우고, 단어를 하루에 수십 개씩 외우고, 영영사전을 찾고, 무작정 원어민과 시간 채우기식 회화를 하고, 영어권 국가로 1년짜리 어학연수를 다녀오기도 한다. 어떤 방법으로도 영어를 한국말 하듯이 할 수는 없었다. 수십 년째 계속되어 왔던 한국식 암기 공부를 비판하고 생활영어와 일상회화를 강조하면서 대체 왜 그 지겨운 암기 기반의 공부 방법은 버리지를 못하는 것일까.

먼저 우리가 기본적으로 영어를 통해 원하는 것이 무엇인지 되돌아볼 필요가 있다. 그것은 바로 '의사소통'이다. 의사소통이란, 영어로 된 말을 편하게 알아듣고 영어로 그에 걸맞은 대답을 하는 것일 테다. 물론 많은 이들이 영어 공부의 목적을 "취업" 혹은

"입시"라고 말할지도 모르겠다. 영어를 한국말 하듯이 듣고 말할 수 있다면 대기업, 외국계 기업, 미국 대학이라고 못 들어갈까 싶다. 영어를 원어민처럼 듣고 말할 수 있다면 토익 시험도 두렵지 않을 것이다. '의사소통'만 제대로 할 수 있다면 유학이나 해외이민 역시 꿈보다 현실에 더 가까워진다.

이 책을 통해 가장 빠르고 쉽고 효율적인 영어 듣기·말하기 방법을 전하려고 한다. 말을 하려면 상대가 하는 얘기를 듣는 것이 우선이다. 그렇게 때문에 듣는 방법을 터득하는 것은 영어 소통의 첫 번째 순서다. 듣기가 해결되면 말하기는 자연스럽게 따라오게 되어 있다.

1. 우리는 왜 그동안 영어를 못 알아들을 수밖에 없었을까?
2. 제대로 듣기 위해서 우리의 귀-뇌-입을 어떤 방법으로 유도해야 할까?
3. 연습을 하면 듣기 방식이 어떻게 놀랍게 변화할까?

이 모든 것들은 모두 흥미로운 과학적 상식과 원리를 기반으로 한다. 바꾸어 말하면, 이미 과학적으로 증명된 원리이기 때문에 방법만 정확히 알고 따른다면 누구나 영어를 듣고 말하지 않을래야 않을 수가 없다는 것이다.

여기서 말하는 이 '소리영어'의 기본 방법은 아주 간단하다. 선별된 영어문장을 반복해서 듣고 따라하는 것. 여기서 중요한 점은, 문장을 '외우는' 것이 아니라 '귀로 듣고 아이처럼 따라하는 것'이다. 절대로 문장을 외우려들면 안 된다. 유치원에서 선생님과 아이들이 "참새!"-"참새!", "짹짹!"-"짹짹!" 하고 놀 듯이 해야 한다. 영어 고유의 악센트와 리듬을 강조한 음성을 그냥 들으면 되며, 악센트와 리듬이 살아 있는 문장을 반복해 듣기만 해도 충분한 훈련이 된다. 충분히 듣고 나서 문장이 귀에 익숙해지면 그 악센트와 리듬 소리를 흉내 내 보면 된다. 듣는다, 그리고 따라한다. 정말이지 간단한 방법이지 않은가?

이미 이 과정을 1~2년 거쳐 영어 듣기와 말하기를 자유롭게 하는 사람들이 많다. 불과 1~2년 만에 원어민처럼 듣고 말할 수 있다는 사실이 충격으로 다가올 것이다. 더 충격적인 것은 '당신도 충분히 똑같이 할 수 있다는 사실'이다. 책에 나온 간단한 방법대로만 꾸준히 연습한다면. 해도 해도 안 됐다면 이제 영어에 대한 패러다임을 아예 바꿀 때가 된 것이다.

나에게는 꿈이 하나 있다. '소리영어'라는 이 방법이 널리 퍼져서 누구나 영어를 쉽게 듣고 말하게 되는 것이다. 이 책을 통해 '소리영어'가 어떤 원리로 작용하는지, 그 방법과 효과가 어떤 것인지 당신에게 이야기하려고 한다. 영어에 조금이라도 관심이 있는 분이라면 누구나 충분히 흥미와 호기심이 생길 거라 믿는다.

Chapter 1 당신은 아무 잘못이 없다

Chapter 3 실전 연습

Chapter 4 왔노라, 들었노라, 말했노라!

Chapter 1

당신은 아무 잘못이 없다

슬픔의 종이학 접기

Mission Impossible

지금 당신의 눈앞에 좋아하는 색깔의 종이 한 장이 있다. 그 색종이로 종이학을 접어보라고 하면 아마도 당신은 - 초등학생 시절 내내 졸지만 않았더라면- 별 무리 없이 접어낼 것이다.

그 시절 색종이 뒷면에 그려져 있는 종이학 접기 순서를 따라해보지 않은 사람은 거의 없을 것이며, 그렇지 않더라도 부모님이나 선생님, 혹은 김영만 아저씨에게 배웠을 테니 말이다.

원어민들이 내는 영어 소리는 완성된 종이학과 같다. 그러나 슬프게도 그동안의 당신의 영어에는 부모님도, 선생님도, 김영만 아저씨도 없었다. 그런 당신에게 종이학을 완성하라는 명령이 내려진 셈이다. 재료는 완성된 종이학과 색종이 단 두 가지뿐. 아무도 그 순서를 가르쳐준 적이 없고 제대로 된 설명서조차 없는 상황이다. 그럼에도 불구하고 완성된 종이학을 보고 똑같이 따라 접어내야 한다. 지금껏 당신이 해온 영어 공부는 '슬픔의 종이학 접기'였다. 성공 확률이 희박한, 눈물 없인 이루기 힘든 방법이었던 것이다.

우리의 귀와 뇌는 훈련을 하지 않고서는 원어민의 영어 소리를 결코 담아낼 수가 없다. 한국어에 없는 고주파 소리가 영어의 많은 부분을 차지하고 있기 때문이다. 귀를 통해 소리가 입력되면 달팽이관이 움직이기 시작하는데, 이때 익숙한 주파수에 따라 소리를 '언어'와 '소음'으로 구분한다. 이는 뇌에서 소리를 받아들이는 청각피질도 마찬가지이다. 지금껏 한국어 주파수에만 적응된 달팽이관은 항상 듣던 주파수만 뇌에 보냈고, 대뇌피질 역시 그래왔던 것이다. 고주파 소리에 익숙해지는 훈련 없이는, 기껏 애써 집중해 들은 영어 소리를 당신의 뇌가 소음으로 분류해 버린다는 뜻이다.

10년이 넘도록 영어를 공부했음에도 불구하고 카페 옆자리에서 영어로 이야기하는 외국인들의 대화소리가 거의 들리지 않았던 것은 당신의 잘못이 아니었다. 당신의 노력이 부족해서가 아니었다. 우리의 달팽이관과 대뇌피질이 주파수에 따라 지독하게 편식을 하고 있는 것뿐이다. 물론 포기하긴 이르다. 당신도 모르는 사이에 벌어지는 '편식'을 고칠 방법이 있다. 악센트와 리듬이 강조된 가이드의 소리를 '천천히, 반복해서' 듣는 것. 이렇게 과장된 소리는 당신 귀의 달팽이관과 뇌의 청각피질을 자극하기 시작한다. 조금씩 익숙해지는 순간, 불과 어제까지 소음으로 분류됐던 소리는 이제 의미 있는 '언어'로 뇌에 전달된다. 가이드 소리뿐만 아니라 원어민의 소리도 언어가 되어 귀에 들리게 된다. 모든 영어 소리가 '소음'이 아닌 '언어'로서 당신의 뇌에 당당히 입력되기 시작하는 것이다.

과장된 소리에 익숙해진 후에는 미드나 영화에서 들리는 영어 소리가 우리말처럼 편하게 들린다. 동시에 왠지 천천히 들리는 것 같다는 착각까지 든다. 영어 소리를 들을 때 활성화 되어야 하는 달팽이관과 청각피질이 드디어 활발히 일하게 되면서 나타나는 행복한 착각이다. 소리 듣기 연습은 뭉개져서 들리는 원어민

소리 듣기 연습은 뭉개져서 들리는
원어민 소리(종이학)를 펼쳐서 차근차근 듣는 것과 같다.

소리(종이학)를 펼쳐서 차근차근 듣는 것과 같다. 지금껏 완성된 종이학만 보고 따라 접어야했던 것은 당신 탓이 아니다. 종이학 접는 방법을 처음부터 하나씩 보여준 제대로 된 가이드가 없었을 뿐이다.

당신은 열심히 했다

 당신은 10년 넘게 영어를 공부했음에도 왜 영어를 잘하지 못한다고 생각하는가? 한국 영어교육 시장의 문제라 생각하는가? 열심히 하지 않은 개인의 문제라고 생각하는가?

재미있게도 질문을 받은 사람의 열의 아홉은 열심히 하지 않은 자신을 탓한다. 끈기가 없었던 자신을 탓하고, 어학연수를 가지 못한 형편을 탓하며, 입시 이후 영어에 통 관심을 끊고 살았던 과거를 반성한다.

당신은
아무 잘못이 없다

이처럼 우리는 영어에 관해서는 너무나도 겸손하다. 겸손하다 못해 땅으로 파고든다. 20년씩 배워도 영어를 못하는데 지금까지 배워온 방법에 화를 내거나 의심하기는커녕 자신의 부족함을 탓한다. 장담하건대, 우리는 노력하지 않아서 영어를 못하는 게 아니다. 전 세계 어느 나라 사람들과 비교해 봐도 한국인들은 정말 많은 시간을 영어 공부에 매달렸고, 매달리고 있다. 그럼에도 주변 누군가 조금만 영어를 잘하면 부러워하고 시샘하기도 한다. 오죽하면 그럴까.

물론 지금까지 '듣기'를 강조하는 학습법이 없었던 것은 아니다. 그 영향 탓에 꽤 많은 분들이 정말 열심히 듣는다. 자연스러운 소리에 익숙해져야 한다는 생각에 처음부터 원어민 소리에 자신을 노출시킨다. 아침부터 저녁까지 원어민 소리가 녹음된 음성 파일과 동영상을 하루 종일 틀어놓는다. 대개 영어 소리에 노출되는 시간이 부족하여 영어가 늘지 않는다고 생각하는 사람들이 시도하는 방법이다. 불행히도 거의 대부분은 실패로 끝난다. 사실, 청력에 손상을 입지 않는 것만으로도 다행이라 생각한다.

귀를 영어 소리에 무작정 노출시키는 것은 절대 하지 말아야 할 방법 중 하나이다. 악센트와 리듬이 강조된 '가이드 소리'로 꾸

제발 암기와 문법이라는 낭떠러지에 매달려
사서 고생하지 마시길!

준히 훈련되지 않고선 의미 있는 진전을 거두기 어렵다. 게다가 연습을 거치지 않은 사람이 원어민 소리를 집중해서 듣는 것과 다른 일을 하면서 동시에 듣는 것은 너무나 큰 차이가 있다. 많이 듣고 싶은 욕심에 등하굣길이나 출퇴근길에, 식사시간에, 집안일을 하면서 끊임없이 흘러가는 영어 콘텐츠를 틀어놓지만, 안타깝게도 아무 의미가 없다. 배경음악이나 매한가지이다.

90년대 선풍적인 인기를 끌었던 영어 학습서 『영어 공부 절대로 하지 마라』는 이러한 학습법의 유행을 이끌었다. "들릴 때까지 반복해서 하나의 영어 테이프를 들으라"는 게 그 책의 첫 번째 단계였다. 더 나아가 '집중해서 듣기'를 주문했지만 아무리 쉬운 단어, 뻔히 아는 단어라도 한 번 안 들리면 계속 들리지 않는다. 흔히 아는 단어라서 들린다고 생각하지만, 실은 영어 소리를 들을 줄 알아서 들리는 것이기 때문이다. 훈련이 되지 않은 귀에 원어민 소리를 들릴 때까지 들려준다는 것은…… 글쎄, 다소 잔인하고 불편한 방법이다. 가이드 소리를 들으면 쉽게 들린다. 굳이 고생길을 갈 이유는 없다.

영어 습득은 방법의 문제이다. 나는 7년도 넘게 걸려서야 그 방법을 터득했다. 그 당시의 나에게 '호흡이 들어간 악센트 소리'

를 들려줄 가이드가 있었다면 어땠을까 싶다. 빠르면 1년, 늦어도 2년 안에 영어를 완성했을 테다. 당신은 절대 고생길로 가지 않기를 바란다. 앞서 닦아 놓은 야트막하고 쉬운 길로 오면 된다. 제발 암기와 문법이라는 낭떠러지에 매달려 사서 고생하지 마시길!

돈-시간-노력: 좌절의 피라미드

 말콤 글래드웰은 그의 저서 『아웃라이어』를 통해 '1만 시간의 법칙'을 주장했다. 한 분야에서 1만 시간 이상 노력해야 성공을 거둘 수 있다는 그의 이론은 큰 반향을 일으켰고, 그와 관련한 다양한 증명과 반 증명이 있어왔다.

어찌됐든 여기서 문제는 '무엇을' 1만 시간 하느냐이다. 암기를 1만 시간 한다? 미드 소리를 1만 시간 듣는다? 그러나 하루 2시간씩 꼬박 쉬지 않고 매일매일 보고 들어도 연간 730시간에 불과하다. 1만 시간을 채우기 위해서는 대략 하루 3시간, 일주일 20시간씩 10년을 할애해야 한다. 일부 분야에선 1만 시간의 법칙이 통할지도 모르겠으나 언어는 그렇지 않다. 우리는 1만 시간을 들은 덕에 한국어를 잘하게 된 것이 아니다. 언어는 '학습'하는 것이 아니라 저절로 '습득'되는 것이기 때문이다. 만약 끈기와 노력이 필요한 '학습'이라면 모국어를 익히지 못하는 아이들이 매해 사회 이슈로 등장할지도 모른다.

나는 간혹 영어 학습에 대한 잘못된 이론을 접할 때면 말도 안 되는 상상을 한다. 예를 들면 공갈젖꼭지를 입에 문 갓난아기들이 연필을 쥐고 한국어 문법을 공부하는 모습이다. '한국어의 품사는 체언體言과 용언用言 그리고 수식사修飾詞와 조사助詞로 크게 나뉜다…… 옹알옹알.' 어떤 아기도 이렇게 말을 배우지 않는다는 것을 뻔히 알면서도 우리는 문법과 암기에 상당부분 의존한다. 6세 전후의 아이들이 유창하게 의사소통을 하는 것은 언어를 익혀야 한다는 의식이나 의지로 이루어낸 것이 아니다. 태어나서부터 엄마, 아빠를 통해 끊임없이 소리를 듣고 저절로 익힌 것이다.

영어를 습득하는 방법도 이와 같다. '영어=공부'라는 잘못된 인식 때문에 '누가 더 오래 엉덩이 붙이고 앉아 공부했는지'를 잘하고 못하고의 기준으로 삼을 필요가 없다. 아무리 오래 공부를 해도 영어 못하는 사람은 한국에 넘쳐난다. 그렇게 해서 잘할 수

당신은
아무 잘못이 없다

있는 거였다면 모르긴 몰라도 아마 한국인들은 미국인들보다도 더 영어를 잘했을 것이다. 수십 년 동안 많은 시간을 들였고, 많은 돈을 쏟아 붓고, 누구보다도 힘들게 노력했으니까. 게다가 우리는 '주입식 공교육' 덕에 암기에 도가 텄다! 그러나 암기식 공부 방법은 사법고시, 행정고시 같은 시험에 어울리는 것이지, 영어에는 적용되지 않는다. 20년 동안 엉뚱한 노력만 하고 '이렇게 노력했는데 영어 실력이 왜 이러나' 하고 실망할 필요가 없다.

세기의 바이올리니스트로 꼽히는 나탄 밀슈타인은 어릴 적 자신의 스승에게 곡 하나를 제대로 연주하려면 하루에 몇 시간이나 연습해야 하냐고 물었다. 그러자 스승은 이렇게 답했다. "아무 생각 없이 손가락만 움직이면 하루 종일 연습해도 모자라지만, 온 신경을 연주에 모으고 손놀림 하나하나에 집중해 연습하면 2~3시간이면 족하단다."[1]

1만 시간의 관점에서 보자면, 나는 당연히 악센트가 살아있는 가이드의 영어 소리를 1만 시간 듣길 주장할 것이다. 그러나 영어 습득에 있어서는 1만 시간의 법칙은 무시해도 좋다. 정말이다!

---

[1] 이상훈, 『1만 시간의 법칙』, 위즈덤하우스, p.37, 2010

언어 '습득'에는 1만 시간의 법칙이 적용되지 않는다.

부모 욕심 때문에
영어유치원에 다니는 아이

 매해 영어 사교육 시장에 쏟아붓는 돈이 10조 원이다. 이를 증명이라도 하듯 많은 가정에서 아이들 영어 교육에 지대한 관심을 갖고 있다. 앞다투어 영어유치원에 등록시키고, 여건이 안 되면 상대적으로 저렴한 영어학원에라도 아이를 보낸다. 그마저도 힘든 가정에서는 최소한 영어학습지라도 시켜야 비로소 마음이 놓인다.

한 여론 조사에 따르면 초등학생 이하 자녀를 둔 부모 중 현재 영어 사교육을 시키고 있다는 응답이 전체의 79.8퍼센트를 차지했다. 그만큼 대한민국의 영어 조기교육열은 뜨겁고 또 뜨겁다. 서울

강남구의 영어유치원은 41곳이나 되며, 가장 비싼 유치원의 교습비는 무려 매월 182만 원이다. 어마어마하다. 영어유치원에 다닌다고 무조건 영어를 잘하는 것도 아니며 모든 부모가 아이를 영어유치원에 보낼 수 있는 상황이 아님에도 그렇다. 혹자는 어려서부터 영어를 배우는 것으로 이른바 '금수저-흙수저'가 결정된다고도 하는데, 이런 말이 나온다는 자체가 사회적 문제가 아닐 수 없다. 그러나 여기서 한 가지 의문이 든다. 과연 1년에 2천만 원을 들여 조기교육을 하면, 아이가 영어를 분명 잘하게 될까?

일부 다른 의견도 있지만, 학자들 사이에서는 영어 조기교육이 해롭다는 논지가 주를 이룬다. 한국뇌신경학회에서 요즘 성행하는 조기교육이 아이들의 뇌 발달에 악영향을 줄 수 있다는 연구 결과를 발표하며 이를 뒷받침하기도 했다.

갓 태어난 아이들의 뇌는 몸 전체 표면적의 절반을 차지할 정도로 커다랗다. 그러나 아이의 뇌기능은 성인 평균 뇌기능의 20퍼센트 정도의 능력밖에 갖고 있지 못하다. 미완성의 뇌는 이후 20년이 넘는 시간 동안 서서히 성장하며 개발된다. 반면 토끼나 노루 같은 동물은 태어나자마자 어미의 70~80퍼센트에 해당하는 뇌기능을 보인다. 그 덕분에 태어나자마자 뛰어다니는 등 어미와 매우 유사한 행동을 한다. 인간으로 치면 생후 1년 만에 대학입시 공부를 하는 것과 같으니, 비교 자체가 어불성설이다. 그럼에도 일부 부모들은 아이가 동물처럼 빨리 성장하는 뇌를 갖고 있기를 바라는 듯하다. 미국 초등학생들이 하는 수준의 공부를 시키는 한국의 영어유치원도 있다고 하니 말이다.

남보다 빨리 그리고 많이 성취하는 것을 뛰어나게 여기는 유행이 이러한 현상을 만들어냈다. 그러나 뇌는 나이에 맞게 적절히 개발해야 하는 게 맞다. 언어기능을 담당하는 측두엽은 만 6세 이후부터 집중적으로 발달하기 때문에 그 이전에는 외국어 학습을 제대로 소화하기가 힘들다. 심지어 의사들은 너무 많이, 너무 일찍 가르치면 아이가 스트레스를 받아 '과잉학습장애'를 일으킬 수도 있다고 경고한다. 정신질환의 일종인 과잉학습장애는 난폭한 행동, 자폐증, 학습 거부증 등의 부작용으로 나타난다. 조기 과잉교육을 받은 아이는 자라서 학습능력이 뒤처지고 정서불안을 보일 가능성도 크다. 실제로 영어 조기교육의 부작용으로 4살이 지났음에도 불구하고 다른 사람과 눈도 맞추지 않고 영어는커녕 한국어도 거의 못하는 아이도 있다. 이와 같은 사례가 드물지 않다는 것은 조기교육의 심각성을 방증한다. 반복된 강제 학습은 뇌세포 손상을 일으키며, 특히 어린 시절에 뇌세포가 손상되면 청소년기에 들어 탈선과 일탈에 쉽게 빠질 수 있다는 연구 결과도 있다.

얼마 전 한 텔레비전 프로그램에 한 아이의 엄마가 나와 울면서 고백을 했다. 어느 날 아이가 친구들과 잘 어울리려고도 하지 않고 유치원 선생님과 눈을 마주치지 않으려고 하는 것을 발견했다는 것이다. 심지어 아이는 틱 장애(특별한 이유 없이 자신도 모르게 신체 일부를 아주 빠르게 반복적으로 움직이거나 이상한 소리를 내는 증상)까지 얻었다. 아이의 심리치료를 마친 담당의사는 4살부터 10개월 동안 억지로 보낸 영어유치원이 원인이라 했다. 엄마는 옆집, 앞집 할 것 없이 모두들 아이를 영어유치원에 보내는 동네라서 불안감과 욕심 때문에 아이가 싫어하는 것을 알면서도 보냈노라 했다. 엄마의 가슴은 내려앉는 듯했다.

많은 언어학자들이 모국어 능력 형성이 아이의 인생에 얼마나 중요한지를 이야기한다. 사실 6살을 전후로 모국어를 통해 사고하는 능력이 만들어지는 것까지도 굉장히 중요하고 또한 어려운 수준이다. 영유아기가 언어 발달에 민감한 시기인 것은 분명하지만 모든 아이들이 외국어 학습을 수행하는데 충분한 잠재력이 있는 것은 아니라고 한다. 한국어도 제대로 못하는 아이를 하루 종일 영어와 중국어 환경에 노출하는 것은 상당히 위험한 일이 될 수도 있다는 뜻이다. 모국어인 한국어가 완전히 자리를 잡은 이후에 외국어를 시켜도 늦을 것은 없다. 부모들이 원하는 것은 '영어만 잘하는 아이'가 아니라 '한국어 능력이 뛰어나면서 영어까지 잘하는 아이'일 테니 말이다.

이중언어 전문가인 하버드 교육대학원 캐서린 스노^Catherine Snow 교수는 모국어를 완벽하게 습득한 후에 외국어를 배우는 것이 이를 빠르게 습득할 수 있는 길이라고 말했다. "한 언어에 대한 지식, 기술, 이해가 또 다른 언어를 대하고 배우는 데 있어서 굉장한 도움이 됩니다."

또한 '한국에서 고등학생 때 영어를 배우기 시작하면 말하기에 실패하지 않을까'라는 물음에는 그것은 '시기'의 문제가 아닌, '한국 고등학교의 주입식·암기식 수업 방식이 문제'라고 지적했다.

스노 교수는 유럽 사람들이 영어를 습득하는 과정을 몇 년간 관찰하며 연구했다. 그 결과 영어를 가장 빨리 습득하는 연령대는 청년층이었고, 두 번째가 장년층, 세 번째가 아이들이었다. 이상하지 않은가? 보통 우리는 아이들-청년층-장년층 순서일 거라고 확

동기가 확실하고 효과적인 방법에 많은 시간 노출되면
나이에 상관없이 영어를 잘할 수 있다.

신하며 살아왔는데 말이다. 아이들 집단은 영어의 소리를 가장 빠르고 흡사하게 흉내 내지만, 어휘력이 느는 정도가 매우 부진하고 더불어 가장 빨리 모국어를 함께 잊어버리는 특징 때문에 습득 속도가 느린 것이었다. 8살이든, 20살이든, 50세든 영어를 배우겠다는 동기가 확실하고 효과적인 방법에 많은 시간 노출되면 나이에 상관없이 영어를 잘할 수 있다고 스노 교수는 밝혔다.

요즘 소아정신과 의사들 사이에는 "영어유치원 10곳이 생기면 소아정신과 1곳이 생긴다."는 말이 있다고 한다. 영어 때문에 괴로워하는 아이들이 그만큼 많다는 것, 씁쓸한 일이다. 영어 때문에 고통 받은 부모일수록 아이에게 빨리 영어를 가르치고 싶어 하는 경향이 있다. 그러나 그 결과가 사랑하는 아이를 고통의 굴레로 밀어 넣는 일이 되어서는 안 된다. 영어를 익히는 방법에 대해 사회의 전반적인 각성이 있어야 하는 이유이다. 한두 해 늦으면 뭐 어떤가? 영어를 맘먹고 익히는 데에는 1~2년이면 충분하다. 한국어를 잘하는 어린이들이 소리로 영어를 쉽고 즐겁게 익히는 사회, 그런 사회가 되었으면 한다.

착각이 사람 잡는다

원어민 말이 빨라서 안 들린다는 착각

성인들 중 영어 좀 한다고 자부하는 사람들도 물론 많다. 어쩌면 이 책을 보고 있는 당신일지도 모르겠다. 어학연수도 1년 다녀왔고, 외국인 바이어 상대하는 일도 몇 년째 하고 있으며, 못 알아듣는 부분도 다소 있지만 CNN 뉴스도 볼 수 있다. 심지어 남에게 영어를 가르치는 것을 직업으로 삼고 있는 분도 있을 것이다.

영국에서 어학연수 한 경험을 살려 아이들에게 영어를 가르치는 모 영어학원의 대표를 만난 적이 있다. 언젠가 그에게 미드나 할리우드 영화를 자막 없이 본다면 몇 퍼센트 정도 알아듣는지 물어

당신은
아무 잘못이 없다

보았다. 입을 열기 시작한 그의 표정에는 자신감과 뿌듯한 기색이 역력했다. '상당히 알아듣는구나.'하며 기대했지만 그의 대답은 의외였다. "꽤 알아듣는 편이죠. 40퍼센트 정도요." 이어진 그의 대답은 더 놀라웠다. "워낙 미국에서만 사용하는 속어가 많거든요. 나 정도로 알아듣는 사람, 한국에 그리 많지 않을 겁니다."

　이것은 착각에 불과하다. 이렇게 말하는 이들은 영어를 '제대로' 듣고 있는 것이 아니다. 여기서 '들린다'고 말하는 수준은 원어민들끼리 일상생활에서 자연스럽게 떠드는 소리가 우리말처럼 선명하게 들리는 정도를 의미한다. 즉, 그들의 생생한 일상어가 가득 담긴 미드나 할리우드 영화를 자막 없이 100퍼센트 이해하는 수준이다. 간혹 원어민들이 말하는 속도가 너무 빨라서 완벽하게 듣는 것은 어렵다고 하는 사람이 있다. 영어를 못하는 우리에게나 빠른 거지, 그들은 지극히 정상적인 속도로 일상적인 언어를 구사하고 있다. 실제로 영화를 보는 원어민들은 우리가 한국 영화를 보듯이 모든 말을 알아듣는다. 말이 너무 빠르다고 배우들에게 천천히 말해달라고 요구하는 사람은 없다. 마찬가지로 우리가 마주치는 원어민들도 너무 빨리 말하는 게 아니고 그냥 그들의 평범한 속도로 말하는 것이다.

"업무 관련 영어는 잘하는데, 일상적인 대화만 어려워요."

이렇게 이야기하는 사람들도 실은 큰 착각 속에 빠져 있는 셈이다. 영어를 모국어로 사용하는 외국인 직원은 영어를 외국어로 쓰는 상대편 직원에게 쉽고 또박또박하게 얘기하게 되어 있다. 우리가 아이들에게 또박또박 쉽게 말하려고 애쓰게 되는 것처럼 말이다. 이것은 결코 원활한 대화를 의미하지 않는다. 그리고 우리가 현재 조금이나마 알아듣는 영어 소리도 사실 선명하게 다 들려서 알아듣는 것은 아니다. 또렷하게 듣고 문장을 이해한다기보다는, 문맥이나 안 들렸던 음소의 앞뒤 음소 혹은 어휘를 토대로 해당 어휘를 복원해 내거나, 익숙한 문형이기에 무의식적으로 들린다고 착각을 하고 있는 것이다. 선명하게 듣고 이해하는 게 아니라, 뭉뚱그려 듣고 복원하는 데 치중하고 있다는 것이 정확한 표현이다.

슬픈 현실은 이런 분들이 비단 한국에만 있는 것이 아니라는 점이다. 20대 중반에 국내 대학의 영문과를 졸업하고, 큰 뜻을 품어 미국으로 이민을 간 분이 나를 찾아왔다. 그는 무려 30년째 미국에 살고 있지만 미드나 할리우드 영화를 봐도 배우들의 대화 소리가 거의 늘지 않았다. 물론 일상생활에서 매번 하는 말이나, 용어가 익숙한 업무 관련 영어는 곧잘 했지만 도무지 동료나 이웃

들끼리 하는 대화를 알아듣지 못하니 자신이 귀머거리처럼 느껴질 때가 많았다고 고충을 토로했다.

나를 찾아온 사람들 중 한국에서 영어로 학위를 따고 미국 유학을 가 석·박사 과정을 마쳐 국내 대학에서 영어를 가르치는 교수도 있었다. 만나자마자 그는 대뜸 자신의 삶에서 가장 큰 스트레스는 단연코 '영어'라고 고백을 해왔다. 남들은 자기가 영어를 무척 잘하는 줄 알고 그걸 당연하게 여기지만, 원어민과의 자유로운 대화는 쉽지 않고 드라마나 영화는 불과 20~30퍼센트밖에 알아듣지 못한다고 했다. 이것이 그가 다시 '진짜' 영어를 배워야겠다고 결심한 계기였다.

이들은 미국 땅 한번 밟아본 적 없는 사람들이 원어민과 심도 있는 대화를 자유롭게 나누고, 자막 없이 미드와 영화를 보며 즐거워하는 모습을 보고 도무지 믿을 수 없다는 표정을 지었다. 교포 2세가 아니냐고 여러 차례 되물을 정도였다. 그들은 다시 '진짜' 영어를 배워야겠다고 결심했다. 그것도 한국에서 말이다!

소리 자체를 오롯이 들을 수 있어야 진짜 영어 듣기를 한다고 말할 수 있다. 귀로 들은 소리와 눈으로 본 문장을 맞춰 보는 수준에 머물러 있는 한국의 영어 교육 방법은 반드시 바뀌어야 한다.

전혀 원어민처럼 들을 수 없으면서도
자신이 영어를 잘한다고 착각하는 사람이 많다.

단순하고, 쉽고, 원어민에게 배우지 않아도 뉴스나 영화, 드라마,

토크쇼, 코미디 프로그램을 우리말처럼 편하게 알아들을 수 있는

원리, 알고 싶지 않으신가?

영어가 왜 안 들린다는 건지
솔직히 이해가 안 가요!

 우리가 보통 한국어로 된 말을 들을 때는 군이 '청취'한다고 표현하지 않는다. 학술적, 전문적인 정보가 아닌 일상 수준의 대화, 텔레비전 뉴스 보도 정도를 듣는 데에는 고도의 집중력을 요하지 않는다.

심지어 식당이나 카페 같은 곳에서는 어떤가? 조용히 밥 좀 먹으려고, 맘 잡고 책 좀 보려고 하는데 옆 테이블에서 떠드는 소리 때문에 방해 받아본 경험. 아마 당신도 한 번쯤은 겪어본 일일 것이다. "…… 그래서 걔가 소개팅을 했는데 글쎄 그 사람이 말야, 어휴 세상에 말도 안 된다니까! 진짜 어이가 없어. 아니 글쎄 처음 만난

당신은
아무 잘못이 없다

자리에서······." 이쯤 되면 당신의 의지와는 상관없이 귀가 활짝 열린다. 밥이고 책이고 간에 눈과 손이 '동작 그만' 상태가 된다. 마음은 이미 옆 테이블 사람들과 친구가 되고, '거참, 진짜 이상한 사람이네' 맞장구를 치는 자신을 발견하게 된다. 얘기가 자연스럽게 들려서 생기는 일이다. 귀를 쫑긋 세우고 긴장하지 않아도 '들리니까 들리는' 거다.

반면 영어를 들을 때에는 매우 쉽게 피로감을 느낀다. 영어 회화반 45분을 마치고 나면 기진맥진하고, 비교적 쉬운 주제를 다룬 CNN 뉴스를 한 꼭지 들어봤을 뿐인데 귀가 멍하고 피로가 확 몰려온다. 어쩌다 해외에 가거나 외국인 친구를 사귀게 되어도 마찬가지다. 짧은 영어로나마 대화를 하니 보람은 있고 어깨는 으쓱해지는데 너무 피곤해서 또 만나는 건 부담스럽다.

소리영어를 연습하면 영어 듣기가 점점 편해진다. 4~6개월쯤 되면 "이상해요. 뭔가 달라요!"라고 말하는 분들이 대부분이다. 영어 소리가 슬슬 선명하게 들리기 시작하는 것을 느끼는 것이다. 이런 과정을 겪으며 1년여가 지나면 거의 모든 영어 소리를 듣고 그 뜻도 이해하게 된다. 소리영어를 1년간 연습하고 미국에 여행을 갔더니 굳이 듣고 싶지 않은 말들까지 선명하게 들리는 바람에

귀를 쫑긋 세우고 긴장하지 않아도
영어 소리가 한국말처럼 자연스럽게 들리게 될 것이다.

무척 귀찮아졌다는 학생의 우스갯소리를 들은 적이 있다. 이전 같으면 영어가 그야말로 '쏼라 쏼라' 하는 뭉텅이 소리로 귀를 지나쳤을 텐데 말이다. 이렇게 영어가 완전히 들리는 그들을 나는 '영어 완성자'라 부르는데, 그들이 공통적으로 하는 이야기가 있다.

"영어가 왜 안 들린다는 건지 솔직히 지금은 이해가 안 가요."

대체 어떻게 했길래?

 나는 '영어 강사'가 아니다. 이름을 걸고 영어 교육을 시작한 이래 10년 간 단 한 번도 문법이나 단어에 대해 가르쳐 본 적이 없기 때문이다.

강의에서는 '진짜' 영어 소리를 듣고 말하는 방법을 안내한다. "Hi. How are you. I'm fine. Thank you." 이후로는 입도 뻥긋 못하는 사람이 영어 소리를 선명하게 들을 수 있고 입에서 절로 영어 문장을 뱉을 수 있게 될 때까지 그 길을 인도한다. 그렇기에 나는 스스로를 영어 소리 '가이드'라 소개한다.

당신은
아무 잘못이 없다

진짜 영어 소리를 듣고 말하는 방법은 기본적으로 3단계로 이루어져 있다.

- **1단계** 선명한 영어 소리를 듣고 똑같이 흉내 내라
- **2단계** 뉴스, 드라마, 영화의 소리를 들으며 최대한 흡수하라
- **3단계** 생각하지 말고 무조건 튀어나오는 대로 영어로 말하라

1단계 욕심내지 마라

가장 중요한 핵심은 1단계이다. '진짜 영어 소리를 듣는 귀'를 만드는 가장 기초적인 단계로, 동시에 '자동으로 말하는 입'까지 천천히 만들어내기 때문에 가장 중요하다. 결국 마지막 3단계에 지대한 영향을 끼치는 것이다. 듣는 것을 완성하면 말하는 것은 시간문제다. 말하기 싫어도 말하게 된다!

1단계에서 들어야 하는 소리는 선명하고 과장된 '가이드 소리'이다. 어차피 똑같은 영어 소리니 CNN이나 시트콤 〈프렌즈〉 소리를 그냥 들어도 되지 않느냐 묻는 분들이 있는데, 아직은 아니다. 당신의 귀와 뇌는 아직 원어민의 자연스러운 소리를 들을 준비가 되어 있지 않다. 대신 영어 소리 가이드가 들려주는 소리를 듣는다. 영화와 드라마에서 선별한 문장을 듣는데, 여기서 중요한 것은 우리가 지금껏 배워온 단어나 문장 구조 등이 아니다. 호

흡마다 들어간 영어 특유의 악센트와 리듬을 듣는 것이다. 머리로 문장을 생각하지 말아야 하는 이유가 여기에 있다. 대부분의 한국 인에게는 수십 년간 쌓여버린 '나쁜 버릇'이 있다. 영어 문장을 듣기만하면 즉시 머릿속에서 어순을 따지며 뜻을 해석하려고 하는 버릇이 그것이다. 정말 떨쳐내기 어렵지만, 반드시 버려야 할 습관이다.

MBC의 〈위대한 탄생〉이라는 유명 오디션 프로그램에서 심사위원이자 멘토로 등장한 가수 이은미 씨가 수많은 가수 지망생 참가자들에게 해준 말도 이것이었다. "나쁜 습관이에요." 모창, 불필요한 애드리브, 소리 빽빽 지르기, 지나친 기교 등 나쁜 습관을 갖고 있던 수많은 참가자들에게 했던 그녀의 조언은 영어 듣기 말하기에도 적용된다.

영어 듣기에서의 나쁜 버릇은 딱 하나, '생각하려 하는 것'이다. 그러나 생각할 필요 없다. 듣기만 하자. 그저 노래를 듣듯이 악센트와 리듬만 느끼는 것이다. 그동안의 수많은 방법들, 이를 테면 외워라, 어순을 파악하라, 구조를 따져라, 단어를 연상해라, 어휘를 재빨리 캐치하라는 등 머리 아프고 힘들었던 방법은 모두 잊어도 좋다. 웬만하면 스크립트조차 보지 않기를 권한다. 눈은 귀를 방해할 뿐이다.

소리영어는 기본적으로 눈이 필요 없는 영어 익히기 방법이다. 가이드 소리를 흉내 내는데, 한 단어씩 작은 조각 단위로 따라 해도 충분하다. 이 과정을 반복하면 문장 단위로 따라하는 과정이 쉬워진다. 큰 소리를 낼 필요도 없다. 나지막한 소리로 악센트와 리듬을 흉내 낸다. 이렇게 200여 개의 문장을 연습하면 영어 소리가 다르게 들리기 시작한다. 빠르게 스쳐가고 뭉개졌던 소리가 훨씬 느리고 선명하게 들리며, 짧은 문장뿐만 아니라 다소 긴 문장도 어렵지 않게 따라하게 된다. 개인마다 연습 강도나 집중력이 달라 습득 속도는 조금씩 다르지만 큰 격차가 있지는 않다. 약 250~300개 문장을 완벽하게 듣고 흉내 낼 수 있게 되면 1단계가 끝난다.

대신 1단계에서는 하루에 한두 문장만 듣길 권한다. 분명 이것만 해서 될까 의문이 들 테지만, 된다. 절대 욕심내지 말아야 한다. 전혀 도움 되지 않는다. 아니, 도움이 안 되는 그 이상이다. '망하기 딱 좋은 지름길'이다. 공부를 더 많이 하겠다는데 망한다니 대체 무슨 뜻인가 할 것이다. 이 역시 지금까지 '양quantity'에만 매달리던 영어 공부법 때문에 생긴 편견이다. 해도 해도 늘지 않으니 공부 양이라도 늘려서 '그래도 열심히 했다!'는 위안이라도 삼아야 했을테니 말이다. 소리영어는 그런 거짓 위안이 전혀 필요 없다. 한 문장을 최대한 여러 번 듣고 확실히 따라할 수 있게 된 후 다음 문장으로 넘어가는 것이 가장 효율적이며, 자신을 기만하지 않는 방법이다. 영어는 공부가 아니다. 연습이다.

◌ 2단계 말 하 지 마 라

당신이 그토록 보고 싶었던 뉴스와 미드(미국 드라마)를 마음껏 볼 차례다! 다양한 매체를 통해 그 속의 원어민 소리를 들을 것이 다. 1단계와 마찬가지로 무슨 뜻인지 모르더라도 편안하게 소리를 듣는다. 1단계에서 익힌 발성과 리듬, 호흡에 익숙해졌으니, 좀 더 생생하고 다양한 원어민의 영어 소리를 자기 것으로 만드는 훈련 이다.

소리를 진짜 자기 것으로 만들려면 무슨 뜻인지 몰라도 계속 듣는 것이 중요하다. 오프라인 집중반에서는 2단계 과정부터 원어 민을 수업에 참가시키는데, 이때 원어민은 몇 시간이고 혼자 이야 기를 한다. 다양한 주제를 마음껏. 미국 문화, 최근 개봉한 영화, 자 신의 가족 이야기, 즐거웠던 경험담 등 모든 것들이 주제가 된다. 말하는 건 수강생이 아니라 원어민이다. 수강생은 아무런 생각을 하지 않고 그저 편안한 마음으로 다양한 소리를 흡수하는 데에만 집중한다. 이 과정에서는 아무리 답답하더라도 절대 말하지 말아야 한다. 말하는 것에 욕심을 내기 시작하면 자꾸 머릿속에서 표현이나 어휘에 신경을 빼앗기고 오히려 듣기 연습에 굉장한 방해가 되기 때문이다. 게다가 어차피 말을 해봤자 2단계에서 구사하는 영어는 '콩글리시' 그 이상도 이하도 아니다. 오로지 완벽하게 소리가 들릴 때까지 반복해서 듣고 그대로 따라 소리 내는 것, 흉내 내는 것에만 집중하자.

CNN, BBC를 보더라도 전과는 전혀 다른 놀라운 느낌이 들거라고 확신한다. 2단계를 진행하다 보면, 어느 날 문득 원어민의 영어 소리가 마치 한국말처럼 들리는 놀라운 순간이 찾아온다. 이게 무슨 드라마틱한 얘기인가 싶겠지만 실제 수많은 사람들이 경험으로 검증했다. 그들도 이 단계를 겪고 놀란 것은 마찬가지이다. 한 번 경험해본 분들이 계속 믿고 따라오는 이유가 여기에 있다.

물론 개인마다 조금씩 차이는 있다. 2단계에서 원어민 소리를 흡수하기 시작해 한 달이 지나자 해석 없이도 뉴스나 미드 내용이 이해된다고 하는 분도 있고, 서너 달 지나니 그제야 말이 들린다는 분도 있다. 중요한 것은 끈기와 확신을 가지고 1단계를 거쳐 2단계에 들어서면 시기만 다를 뿐 누구나 영어를 우리말처럼 들을 수 있다는 것이다. 이제부터는 원어민들이 사용하는 진짜 영어 소리를 듣고 영어 특유의 관용적인 표현을 귀에 익히며, 실제로 말하기 위한 기반을 다지게 된다. 영어 소리가 선명하게 들린다고 하더라도 아직 말할 시기는 아니라는 점을 명심하고 그저 영어가 편하게 들리는 것만 즐기면 된다. 점차 생각하지 않고도 뜻이 들어오는 것을 느끼게 될 것이다.

뜻에 집착하지 않아도 되는 것은 당신이 이미 알고 있는 중학교 수준의 어휘와 시청각적인 맥락에 대한 반사적인 이해, 그리고 한국말처럼 느리고 선명하게 들리는 느낌, 이 세 가지만으로도 거의 많은 내용을 이해할 수 있기 때문이다. 다양한 주제와 내용으로 소리를 흡수하면 영어에 대한 흥미도 확 올라간다. 똑같은 내용도 이전과 달리 선명하게 잘 들리니 뉴스와 미드 보느라 신나서 시간 가는 줄 모르겠다는 분들이 이 단계에서 무척 많이 생긴다. 농담이지만 밤새 미드 보느라 건강을 해치지 않도록 조심해야 하는 단계이기도 하다. 자막 없이 미드 한 시즌을 통째로 정주행 하는 것은 더 이상 꿈같은 이야기가 아니다!

3단계 생각하지 마라

이제는 정말 말할 단계가 왔다. 이 단계에서 침묵은 금물이다. 다만 조건이 있다.

"절대 생각하지 말고 일단 말하세요."

이게 3단계의 유일한 주문이다. 이 황당한 주문에 아마도 당신은, '무슨 말을 할지 절대 생각하지 말라니? 생각 없이 말하는 사람이 어디 있어!' 할 것이다. 그렇다. 한국말로도 당장 아무 말이나 해 보라고 하면 멈칫하는데, 하물며 영어로 하라니! 그러나 힘든 것은 잠깐이다. 아주 쉬운 문장이든, 1단계에서 익혀 입에 밴 문장이든 무엇이든 좋다. 일단 입에서 뱉어 보는 것이 중요하다. 처음에는 당황스러운 마음에 한 마디도 하지 못하지만 흔들리지 않고 계속 시도하다 보면 점차 입을 떼기 시작한다. 더듬거리며 무슨 말이든 해보려 노력하다 보면 충격의 순간이 여기서 다시 한 번 온다.

"그냥 말이 나와요! 저절로 입에서 영어가 튀어나와요." 종교 간증 같은 느낌이 드는가? 그러나 이런 극적인 변화가 소리영어의 가장 큰 특징이다. 꾸준한 듣기를 통해 이미 당신의 귀에는 어순 감각과 어휘력이 달라붙어 있다. 이렇게 형성된 감각과 단어는 곧 입과 혀로 옮아간다. 제대로 된 문장을 구사하는 것은 물론, 기본 발성에 대한 훈련이 되어 있기에 원어민의 발음과 흡사한 소리까지 내게 된다. 조금 느리고 지루하더라도 1단계를 끈기 있게 지나야 하는 이유가 바로 여기에 있다.

눈과 입은 잠시 쉬게 하자.
소리를 익히는 데 방해만 될 뿐이니까.

어떤가. 영어가 왜 안 들리는지 이해가 안 가는 수준, 당신도
되고 싶지 않은지.

Chapter 2

너무나 간단한 방법 뒤에
너무나 놀라운 원리가!

영어, 공부 할래? Drive 할래?

영어는 기술이다

 흔히 영어를 두고 '평생 배워야 한다', '영어 배우는 데에
는 왕도가 없다'라고 이야기한다. 평생 꾸준히 갈고 닦아
야 한다는 의미로 '삶의 동반자'라고 표현하기까지 한다.
얼핏 생각하면 맞는 얘기 같기도 하지만, 종종 부족한 영어 실력
을 합리화할 때 쓰인다. '거봐, 평생 배워야 하니까 내 영어 실력이
아직 이 정도밖에 안 되는 건 당연한 거야.'

그런데 반대로 생각해 보면, '도대체 영어를 익히는 게 얼마나
어렵기에 저렇게 말하는 걸까?'라는 의문이 든다. 평생 배우고 익
혀야 한다면 영어를 초등학교, 중학교, 고등학교 때 배워서 쓸 수

있다는 생각은 아예 하지도 않는 게 정상이지 않을까?

우리가 멀쩡하게 잘 쓰고 있는 한국말은 또 어떤지 생각해보자. 어차피 평생 배워야 하니까 천천히 익히면 된다며 우리말을 조금씩 구사하는 사람은 없다. 물론 조금 더 수준 높은 문장을 쓰려면 노력이 필요하며, 성인이 되어서도 새로운 어휘를 알아가면서 살아간다. 그러나 그것이 '평생 배움'을 뜻하지는 않는다. 이미 한국말을 일찌감치 익혀서 완벽하게 듣고 말하며 살고 있으니까 말이다.

운전을 두고 평생 배울 일이라며 차를 차고에 모셔 두고 사는 사람은 없다. 오늘은 차고 앞까지만, 내일은 마당까지만 운전하는 사람도 없다. 운전을 하려면 일단 차를 끌고 도로에 나가 달려야 한다. 수영도 마찬가지이다. 평생 배우겠다고 맘먹고 오늘은 5미터 헤엄치고 내일은 10미터 헤엄치면서 조금씩 거리를 늘리는 사람은 없다. 운전이든 수영이든 한 번 습득해 몸에 익히면 체력과 지각이 허락하는 한 평생 즐기고 유용하게 써먹을 수 있다.

그런데 왜 영어에 대해서만큼은 이렇게 생각하는 사람이 없을까? 무슨 영어가 대단한 학문이라도 되는 것처럼 끝이 없다고 생각하는 걸까? 그러나 우리가 원하는 영어는 학문이 아닌 의사소통 수단으로서의 영어다. 설마 "영국 시인 워즈워스의 낭만주의", "영어학연구방법론" 등을 공부하려고 이 책을 보시는 분은 없을 테니 말이다. 그럼에도 의사소통을 하기 위해 평생을 바쳐야 할까? 그렇다면 도대체 몇 살까지 배워야만 하는 걸까? 영어는 ―학문으로 접근하는 일부 전공자를 제외하곤― 최대한 빨리 익혀서 바로 쓰는 도구일 뿐, 평생 배울 학문이 아니다. 학문으로서의 영어는 학자에게 맡기고, 당신은 얼른 영어를 익혀서 실용적인 무기로 장착하면 그만이다.

운전면허를 갖고 있다면 누구나 안다. 운전은 처음에만 어렵지 조금만 연습하면 며칠 만에도 놀랍도록 익숙해질 수 있는 기술이다. 반면에 운전을 안 해본 분들은 무척이나 겁을 내고, 심지어 평생 가도 운전 같은 건 못할 거라고 생각하기도 한다.

처음 운전하는 날을 기억해 보자. 시동을 걸고 강사가 알려주는 대로 액셀을 밟는다. 내 의지에 따라 차가 미끄러져 나가는 것을 난생 처음으로 경험한다. 브레이크도 밟아본다. 브레이크를 얼마나 부드럽게 밟아야 하는지 발의 감각으로 익힌다. 원하는 속력을 내려면 어느 정도로 액셀을 밟아야 하는지도 똑같이 발의 감각으로 느껴본다. 처음에는 백미러 볼 여유도, 깜빡이를 켤 정신도 없다. 감히 옆 차선으로 끼어들 엄두도 나지 않는다. 정신없이 달리다 보면 목적지에 도착한다. 어찌어찌 오긴 왔다. 어떻게 왔는지는 모르겠지만 어쨌든 무사히 도착했다는 사실이 뿌듯하다. 내일은 다른 길, 다른 목적지에 가보기로 한다. 거의 매일 운전한다면 몇 주만 해도 운전 실력은 금방금방 늘어난다. 점점 여유가 생긴다. 차선 변경도 능숙해지고, 슬쩍 백미러도 봤다가, 에어컨도 조절하고, 음악도 듣고, 조수석에 탄 일행과 대화도 한다. 한참 운전을 하다가 문득 생각난다. 처음 운전대를 잡았을 때의 내가 얼마나 불안했는지, 얼마나 정신이 없었는지 말이다. 지금 이렇게 여유롭게 안정적으로 운전하고 있다는 사실이 놀랍고 또 새삼스러워질 때가 온다. 운전이란 이렇게 금방 습득해서 써먹을 수 있는 기술이다. 영어는 운전과 똑같다.

습득이냐, 혹은 학습이냐를 두고 헷갈린다면 이렇게 생각하면 된다. '학습'은 자동차의 모든 부품과 작동원리에 대해 알아야 하는 것과 같지만, '운전(습득)'은 반드시 자동차에 대한 모든 것을 알아야 할 수 있는 것은 아니다. 언어 역시 운전과 같아서 문법과 단어를 전혀 몰라도 소리를 통해 몸에 익힐 수 있다. 운전과 영어 소통 같은 모든 기술을 익힐 때에는 누구나 자기도 모르게 습

너무나 **간단한** 방법 뒤에
너무나 **놀라운** 원리가!

득의 단계를 거친다. 심리학에서 말하는 '능력의 4단계' 모델이 바로 이것이다.[2] 첫 번째는 '의식적 무능력' 상태로 내가 운전을, 혹은 영어를 익히지 않아 못한다는 걸 알고 있는 단계이다. 운전으로 치면 주행연습코스에서조차 운전이 불가능한 상태이며, 영어로 치면 원어민의 자연스러운 소리가 귀에 들어오지 않는 상태와 같다. 두 번째는 '의식적 능력' 상태이다. 이제 막 익히기 시작해 내가 할 수 있다는 것을 인지하고 있는 단계이다. 주행연습코스나 쉬운 길을 긴장하면서 천천히 달린다. 소리영어 훈련 단계로는 과장된 영어 소리로 연습하는 단계라 할 수 있다. 가이드가 천천히 발음하는 소리가 귀에 들어온다. 마지막 단계는 '무의식적 능력', 굳이 의식하지 않아도 충분히 능력을 발휘하는 상태이다. 어떤 곳이든 맘만 먹으면 달려서 갈 수 있다. 노래를 듣든 대화를 하든 운전을 하면서도 집중할 수 있다. 원어민과 자유롭게 대화하고, 영화나 미드를 자막 없이 편하게 보는 단계와 같다.

---

2 세계적으로 유명한 인간 관계 훈련 기관인 '국제고든훈련센터Gordon Training International'의 연구원 노엘 버치가 1970년대 발견하였다. 심리학자 매슬로우의 연구에 기초한다고 알려졌다.

영어로 이루어진 세계를 마음껏 드라이빙 하는 것,
당신도 가능하다!

"영어가 운전과 같다고?"

운전대를 잡아본 적도
없는데…

조심조심,
걸음마 운전

어디든
달려갈 수 있다고!

의식적
무능력

의식적
능력

무의식적
능력

쏼라 쏼라,
이게 원 소리인지…

가이드 소리는
또렷하게 들리네?

영어가 한국말처럼
편하게 들린다!

이렇게 영어는 운전처럼 누구나 익힐 수 있는 기술이라는 결론에 도착하게 된다. 영어는 학습이 아니라 연습이다. 진정한 영어 듣기·말하기는 암기로는 결코 불가능하다. 암기는 끝이 없지만 듣기 훈련에는 분명 종착점이 있다. 귀가 트이는 순간 더 이상의 훈련은 필요가 없고 말이 터지는 순간부터 그냥 말하기 시작하면 그만이다. 듣고 싶은 것을 듣고 말하고 싶은 것을 말하면 된다. 영어로 이루어진 세계에서 마음껏 드라이빙 하는 날이 당신에게도 분명 올 거라 믿는다!

다 버리고 아기가 되어라

모국어 습득의 원동력

 누누이 얘기하는 '선명하고 과장된 소리'란 대체 무엇일까? 사실 기억을 못할 뿐이지, 우리는 한국말도 그런 소리로 배웠다. 엄마와 아빠가 아기를 보면서 "엄-마! 아-빠!" 하고 말하는 장면은 어디에서나 볼 수 있다.

각 가정에서, 드라마에서, 영화에서, 하다못해 광고에서도 너무나 빈번히 등장하는 모습이다. 그만큼 우리에게 당연하게 느껴지는 언어 습득 방법이라는 뜻이다. 현재 성인인 당신이 내는 "엄마, 아빠"라는 소리는 상당히 짧고 군더더기 없이 담백한 소리일 것이다. 그러나 눈앞에 5개월 된 귀여운 아기가 있다고 상상해보자. 당

너무나 **간단한** 방법 뒤에
너무나 놀라운 **원리**가!

신이 이 아기에게 '엄마'라는 말을 가르쳐 보려고 할 때, 과연 "엄마, 아빠"라고 발음할까?

물론 오늘 당장 아기가 엄마라는 말을 뱉지는 않을 테다. 보통 아기들은 10~12개월쯤부터 입술과 입술을 마주치며 내는 발음이 가능해서 이때쯤이 되어야 마마, 빠빠 하는 소리를 낼 수 있다. 여하튼 5개월짜리 아기에게 당신은 어떻게 말을 들려줄 것인가? 너무나 자연스럽게 대부분의 어른들은 아기를 향해 "어음-마! 어음-마!"하는 식으로 소리를 낸다. 왜 평소에 소리 내듯이 "엄, 마. 엄, 마."라고 하지 않고 "어음-마! 어음-마!"라는 소리를 낼까? 이것은 아기에게 최대한 소리를 상세하게 들려주려고 노력하는 본능적인 행동이다. "아빠" 역시 "아, 빠."라고 하지 않고 우리도 모르게 "압-빠!"하고 발음하게 되는 것, 신기하지 않은가? 누구도 이렇게 하라고 알려준 적 없지만 우리는 아기에게 이와 같은 과장된 소리를 들려주고 있다.

모국어처럼 영어를 배울 때, 원어민의 소리^{이미 완성된 종이학}보다 선명하고 과장된 가이드 소리^{펼쳐서 하나하나 단계를 보여주는 종이학}를 들어야 하는 이유가 여기에 있다. 영어에는 우리가 아직 들을 수 없는 소리의 비밀이 숨어 있다. 바로 '악센트'와 '호흡'이다. 이

두 가지를 증폭시킨 소리를 듣는 것이 영어 습득의 가장 큰 핵심이다.

별 생각 없이 들을 때 영어의 소리는 마치 물 흐르듯 부드럽게 이어지는 것 같지만, 실제로는 그렇지 않다. 영어의 소리를 자세히 들어 보면 호흡이 길게 늘어지는 것이 아니라 단어 하나하나마다 딱딱 끊기는 소리인 것을 알 수 있다. 목 아랫부분으로부터 뱉는 호흡을 통해 악센트를 주며 내는 소리이다. 우리는 그 소리에 전혀 익숙하지 않고 잘 인지하지 못하기 때문에 무슨 소리인지도 알기 어렵다. 예를 들어 '흥'이라는 소리를 낸다면, '흐-응'이라고 늘어지게 발음하는 게 아니라, 콧방귀를 뀌는 소리처럼 '흥! 흥! 흥!' 하고 짧게 끊어 소리를 내는 것이다. 이것이 우리말과 영어 소리의 가장 큰 차이점이며 이 점을 간과하면 아무리 들어도 선명한 소리를 들을 수가 없다. 이러한 발성을 충분히 연습해야 나중에 영어 소리를 제대로 내는 데 도움이 된다.

알파벳만 하더라도 우리가 내는 소리와 원어민이 내는 소리가 서로 다르다. 우리는 소리를 끊지 않고 호흡을 길게 내쉬면서 소리를 낸다. '에이-비-씨-디-이-에프-' 하는 식으로 말이다. 이것이 우리가 편하고 익숙하게 소리 내는 방식이다. 그런데 원어민들은 '에이! 비! 씨! 디! 이! 에프!' 하고 매 음절마다 악센트를 넣

너무나 **간단한** 방법 뒤에
너무나 놀라운 **원리**가!

어 딱딱 끊어지게 소리를 낸다. 영어 원어민들이 한국어로 말하는 걸 생각해 보면 쉽게 이해할 수 있다. 한국어가 서툰 영어 원어민들은 하나같이 "나는, 미쿡, 사람, 입니, 다." 혹은 더 심한 경우 "나, 는, 미, 쿡, 사, 람, 입니, 다."처럼 거의 매 음절마다 심하게 악센트를 주면서 단어를 딱딱 끊어 소리 낸다. 그러나 한국어를 바르게 발음하려면 그렇게 해서는 안 된다. "나는- 한국- 사람입니다-."하고 부드럽게 이어서 소리 내는 것이 한국인 발음에 가깝다.

한국어는 성대를 중심으로 목의 윗부분에서 소리를 내고, 영어는 목 아랫부분에서 소리를 낸다. 강한 악센트를 주고 호흡을 넣어 음을 끊듯이 소리를 내는 것이다. 이처럼 동양인의 소리 내는 방식과 서양인의 소리 내는 방식이 서로 다르다. 이러한 발성법은 문화적 유산에까지 영향을 미쳐, 각 문화권의 대표적인 노래vocal music 양식에서도 그 차이점이 나타난다.

서양의 성악과 우리의 판소리를 예로 들어 보겠다. 성악의 발성에서는 공명공기의 울림과 '두성'을 강조한다. 두성은 머리 뒤쪽에서 나오는 소리로 목에 부담을 주지 않는 발성법이다. 이에 비해 판소리는 단전에서 나오는 '통성'과 강한 성대를 중요시한다. 통성이란 뱃속에서 바로 위로 뽑아내는 성음을 말한다. 명창들은 성대를 긴장시킨 상태에서 아랫배 단전으로부터 소리를 통째로 토해내는 발성법에 따라, 중간에서 음을 거르거나 띄우지 않고 바로 힘차게 질러낸다. 성악과는 반대로 공명을 시키는 데 주력하지 않고 목을 조여 소리를 내는 것이다. 음을 종과 횡으로 넓히며 목이 쉬도록 소리를 뽑아내며 목에 상처가 날 정도로 수련을 하는 끝에 청명한 소리를 얻는다. '판소리'하면 생각나는 대표적인 이미지가 폭포수 아래서 끊임없는 수련을 하다 목에서 피를 토하는 모습일 정도다. 목소리 클리닉 전문의에 의하면 판소리 명창들의 득음 비결은 '성대결절'이라 한다. 성대 점막의 허물이 벗겨졌다 아물기를 반복하면서 단단해지는 과정을 통해 비로소 명창이 탄생하는 것이다.

흔히 영어 소리를 가리켜 '쌀라 쌀라' 하고 들린다고 표현한다. 그들이 내는 소리를 똑같이 내려면 우선 귀로 선명하게 듣는 것이 먼저인데, 우리 귀에는 인식 자체가 되지 않는다. 우리의 개념 속에 존재하지 않는 것은 상상하기도, 이해하기도 쉽지 않듯 지금껏 내본 적 없는 소리 영역은 뇌가 구분하지 못한다. 아기에게 과장된 한국어 소리를 들려주듯, 과장된 영어 소리를 들어야 하는 이유가 바로 여기에 있다.

너무나 **간단한** 방법 뒤에
너무나 놀라운 **원리**가!

영어를 익힐 때 중요한 것은 어릴 때 배우거나 문법을 달달 외우는 것이 아니라 영어 소리를 그대로 흉내 낼 수 있을 정도로 반복해서 듣고 따라하는 것이다. 우리가 어떻게 모국어를 사용하고 있는지를 생각해 보면 쉽게 이해할 수 있다. 시간을 표현할 때 '한 시 십 분'이라고 말하지, '일 시 열 분'이라고 말하지 않는다. 이를 문법적으로 접근한다면 앞에 나오는 시간은 '하나, 둘, 셋'으로 쓰고, 뒤에 나오는 시간은 '일, 이, 삼'이라고 말한다고 외워야 한다. 나이를 말할 때에도 마찬가지이다. 뒤에 '살'이 나오면 반드시 '스물두 살'이라고 하고, '세'를 붙일 땐 '이십삼 세'라고 하는 걸 굳이 의식하지 않는다. 자연스럽게 듣고 습득해 그 자체에 대한 인식 없이도 자유롭게 말한다. 문법이라는 것은 이를 이론으로 만들어서 원칙으로 정해놓은 것 뿐, 말을 하기 위해 반드시 외워야 할 것은 아니다.

아이들에게 말을 흉내 내도록 유도하는 것도 같은 원리이다. 실제로 아이들은 들은 것을 흉내 내기를 좋아하는데 이러한 본능이 모국어를 익히는 가장 큰 원동력이다. 할머니가 "아이고~" 하면 그걸 본 아이도 "아이고~" 하고 그대로 따라한다. 엄마가 자신에게 "그러면 안돼-." 하고 혼내는 걸 본 아이는 자기보다 어린 동생에게 어른스럽게 "그러면 안돼-."라고 말한다. 아이들은 어른이 하는 말을 그대로 흉내 내려고 하고, 그렇게 하면서 할 수 있는 말이 급격하게 늘어난다. 영어를 익히는 우리도 똑같다. 호흡이 들어간 악센트 소리를 듣고 똑같이 흉내 내려고 계속 시도해야 한다. 아직 지각 능력이 그렇게 뛰어나지 않은 어린애들도 서너 살이면 한국어를 유창하게 하는데 우리는 10년, 20년이 지나도 영어를 못한다. 아이들은 모국어를 '익히고', 우리는 영어를 '공부하기' 때문이다. 아이처럼만 하면 된다.

아기 되기 프로젝트! (결심을 굳게 다지기 위해 '응애'까지 꼭 읽어주세요.)

1 들리는 대로 들을 뿐이다. 나는 서두르지 않는다. 응애.
2 뜻은 어차피 알게 된다. 소리를 구별해 듣는 데에만 집중한다. 응애.
3 문장이나 단어를 외우지 않는다. 듣고 흉내 낼 뿐이다. 응애.

너무나 **간단한** 방법 뒤에
너무나 놀라운 **원리**가!

아는 단어는 들린다는 생각의 오류

 3세 무렵의 아이는 300개에서 1,000개 정도의 어휘를 습득한다. 4세 무렵에는 어휘 발달이 급격하게 이루어지는데, 이 시기를 이른바 '어휘 폭발의 시기'라고 한다. 5세 무렵의 아이들은 성인의 언어 체계를 대부분 습득한다. 단어를 분석할 수 있으며 모든 한국어 말소리를 적절하게 발음할 수 있다. 그러나 아이들은 단어를 외워서 아는 것이 아니다. 한국어 단어장을 들고 다니며 열심히 형광펜을 치는 아이는 없다.

팝송 가사를 보면 참 쉬운 단어들로 이루어져 있다. 대부분 우리가 중·고등학교 시절에 배운 단어들이다. 미드나 할리우드 영화도 마찬가지이다. 스크립트를 보면 그다지 어렵지 않은 기본 단어들이 주를 이루고 있다. 그럼에도 당신의 영어 어휘력이 너무 부족하다고 생각한다면, 그런 걱정은 정말이지 하지 않아도 된다. 미국 사람들이 일상생활에서 사용하는 단어의 90퍼센트가 2,000개 미만인데, 한국에서 중학교 3학년 수준이면 2,000~5,000개 정도의 영어 단어를 배운다. 5,000개에서 절반만 기억한다고 해도 2,500개나 된다. 더 많은 단어, 고급 어휘에 욕심이 난다면 일단 듣고 말하는 것이 자유로워진 후에 공부해도 충분하다. 당신이 이미 아는 단어만으로도 웬만한 콘텐츠를 듣고 말하는 데에는 문제가 없다.

영어를 배우러 오는 분들이 첫날 수업에서 보이는 공통된 반응이 있다. 미드나 할리우드 영화에 나오는 대사 중 한 문장을 원음 그대로 들려드리면 "지금 뭐라고 한 거죠? 한 번만 더 들려주세요."라고 하는 것이 그것이다. 그러나 한 번 더 들어도 똑같은 반응을 보인다. 몇 번을 되풀이해도 달라지는 것은 없고, "모르는 단어가 너무 많은 것 같아요."라고 이야기한다. 그때 스크립트를 보여주면 다들 놀랍다는 표정을 감추지 못한다. 아는 단어가 90퍼센트 이상이기 때문이다. 이렇게 우리는 이미 충분히 많은 단어를 알고 있음에도 불구하고 팝송이나 드라마에 나오는 단어를 듣고 이해하지 못한다. 이해는 고사하고 받아쓰기조차 어렵다. 한 번 뭉개져서 들린 소리는 백 번을 들어도 똑같이 뭉개진 소리로 들린다. '아는 단어는 들린다'는 말이 솔직히 이해가 안 간다는 분들이 정말 많다. 창피한 게 아니다. 솔직한 거다. 사실 '아는 단어는 들린다'는 말은 애초에 틀린 말이다.

지하철이나 버스에서 단어장을 달달 외우느라 정신이 없는 학생이나 직장인들을 보면 안타깝기 그지없다. 단어를 익히는 게 아니라 단어와 싸우고 있는 것처럼 보인다. 절대 이길 수 없는 싸움이다. 아무리 글로 단어를 많이 외우더라도 제대로 된 소리를 모르면 알아들을 수 없기 때문이다. 물론 영어를 배울 때 단어를 많이 알면 유리하다는 말이 틀린 것은 아니다. 약간의 도움은 된다. 그러나 단어를 하나하나 외우는 것, 특히 글을 통해 문자를 암기하는 것은 영어를 의사소통 수단으로 배우는 데 결코 도움이 되지 못한다. 모국어든 외국어든 어휘력을 키우는 데에는 '소리를 통한 잦은 접촉'만이 유일한 방법이다. 일단 외우지 말고 들어야 한다. 듣다가 모르는 단어를 만나도 그냥 지나쳐야 한다. '모르는 단어를 마주쳤다'는 불안감과 집착에서 먼저 벗어나야 한다. 모르는 단어는 곧 비슷한 상황 속에서 또 듣게 될 것이다. 여러 다른 콘텐츠의 맥락 속에서 그 단어를 계속 마주치게 되면 어느 순간 그 뜻을 자연스럽게 이해하게 된다. 이것이 바로 '언어'라는 것이 굴러가는 특징이다. 그 단어가 쓰인 여러 가지의 앞뒤 맥락을 인지하고 있기 때문에 뜻을 자연스럽게 알게 될 수밖에 없다. 이런 과정을 반복적으로 겪으면 연습장에 스펠링을 쓰지 않아도 단어를 익힐 수 있다. 이렇게 익힌 단어는 절대 잊어버리지 않는다.

영어를 오랜 시간 하지 않았던 분들 중에는 "단어를 너무 모르는데 듣는 것만으로 영어를 익히는 게 가능할까요?"라며 불안해하는 분들이 있다. 이런 분들도 소리영어를 진행하며 단어 때문에 어려움을 겪지 않는다. 이미 충분한 단어를 알고 있으며 더 이상 새로운 단어를 외우기 위해 사전을 펼칠 필요가 없다. 아니, 소리로 영어를 배우면 단어를 하나도 모르는 사람이라도 영어를 듣고 말할 수 있다.

눈으로, 글로 암기한 것은 금세 잊어버린다. 그러나 귀로, 소리를 통해 익힌 단어는 평생 잊어버리지 않는다. 우리말에도 새로운 단어는 항상 생겨난다. 인터넷 등에서 생겨난 신조어를 익힌다고 손으로 쓰면서 글로 익히는 사람은 없다. 몇 번 듣고 실제 상황에서 반복해 말하다 보면 저절로 외워진다. 영어도 그렇게 익히면 된다.

'그래도 스펠링은 외워야 하지 않을까'하는 걱정을 떨치지 못하는 분들이 있다. 스펠링도 소리만 정확하게 들을 수 있다면 몇몇 예외적인 단어를 제외하고는 모두 자연스럽게 쓸 수 있게 된다. 우리말도 소리만 알면 대체적으로 쓸 수 있는 것처럼 말이다. 이렇게 전반적으로 소리를 알고 글을 쓸 수 있게 된 다음에 책을 읽으며 확인하는 차원에서 스펠링을 눈으로 익히자. 연습장에 단어를 써가며 달달 외우는 것보다 훨씬 경제적이고 백배는 더 쉬운 방법이다. 또한 사전으로 단어를 찾게 되면 반드시 '소리'를 확인하시길 당부 드린다. '다음'이나 '네이버' 등 인터넷 포털 사이트에서 제공하는 사전은 전부 해당 단어의 원어민 음성을 지원하고 있는데, 이를 충분히 활용하면 좋겠다. 아무리 쉬운 단어라도 말이다!

청각이 일등 감각기관인 이유

호모 🔊 스의 비밀

 다음의 사진은 인류 역사상 가장 오래된 축으로 꼽히는 미술 작품, '빌렌도르프의 비너스'이다. 기원전 2만 년 전에 조각된 것으로 추정되는 이 작품은 그 정교한 표현 덕에 놀라움을 자아낸다.

그 옆의 길쭉한 물건은 인류 역사상 가장 오래된 악기인 플루트이다. 기원전 4만 년 전의 것으로 빙하기 동물인 매머드의 상아로 만들어졌다. 상아에 일정한 간격의 구멍을 뚫어 높낮이가 다른 음정을 낼 수 있게 만들었다니 선사시대 사람들의 재주가 참 대단하게 느껴진다. 독일의 실험고고학자 볼프 하인Wulf Hein은 이 8.5인치의

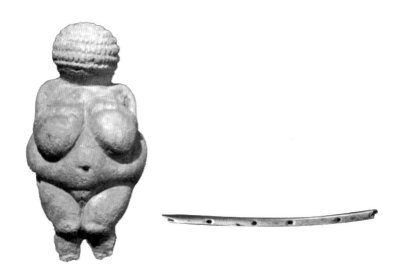

빌렌도르프의 비너스

인류 역사상 가장 오래된 악기
H. Jensen. ⓒ Universität Tübingen

플루트를 그대로 재현해 미국 국가 〈The Star-Spangled Banner별
이 빛나는 깃발〉를 직접 연주해 보이기도 했다. 4만 년 전의 악기로
현대의 음악을 연주할 수 있다니 정말 놀랍지 않을 수가 없다. 선
사시대 사람들은 이미 음정과 음악에 대해 이해하고 있었던 것
이다.

매머드 상아 플루트와 빌렌도르프의 비너스는 약 2만 년에
가까운 시간적 차이를 두고 만들어졌다. 가장 오래된 악기와 가장
오래된 미술품 사이의 시간 간격은 우리에게 무엇을 말해 줄까?

인간이 세상을 인지하고 철학적 사고를 하는 데 있어 그만큼 청각이 시각보다 훨씬 지대한 영향을 끼쳐왔다는 것일 테다. 이렇듯 인류의 인지 진화는 바로 '소리'에 기초하고 있다.

우리 몸에는 '감각점'이라는 것이 퍼져 있다. 피부와 점막에서 냉각·온각·압각·통각 등 여러 가지 외부 감각을 느끼는 부위가 바로 감각점이다. 이 감각점이라는 것은 신체의 각 부위에 따라 다른 정도로 분포한다. 감각점의 민감성과 중요성에 따라 신경세포의 밀도가 다르며, 이는 각 신체기관마다 우리 뇌가 작용하는 감각의 비중이 다 다르다는 것을 뜻한다. 그렇다면 감각 비중을 기준으로 사람의 모습을 나타내면 어떤 모습일까? 이를 사람의 몸에 적용한 것을 '호문쿨루스또는 호먼큘러스, homunculus'라고 하는데, 라틴어에서 온 말로 '인간 또는 작은 생명체'라는 뜻이다.

이 개념을 해부학에 사용하기 시작한 사람은 19세기 초 캐나다의 신경외과 의사였던 와일더 펜필드Wilder Penfield이다. 그는 대뇌피질을 연구하면서 새로운 발견을 한다. 대뇌의 전두엽과 두정엽이라는 부위에 일차운동피질과 일차체감각피질이라는 부분이 있다. 이름 그대로 운동 능력과 감각 능력에 영향을 주는 부위인데, 이 감각피질이 해부학적으로 신체의 각 부위에서 차지하는 비

호문쿨루스

중이 각기 다르다는 것을 발견한 것이다. 이 비율을 본떠서 재구성한 인간의 모습이 바로 '호문쿨루스'이다. 호문쿨루스를 보면 인간에게 청각이 얼마나 중요한 감각인지가 드러난다. 큰 순서대로 보면 '손 – 입혀. 성대–귀 – 코와 눈'으로 볼 수 있다. 귀가 눈보다 훨씬 크게 표현되어 있다는 것은 눈보다 귀에 분포한 신경세포의 밀도가 더 높다는 의미이다. 다시 말해, 눈보다 귀가 외부 자극을 받아들이는 데에 훨씬 민감하다는 것을 뜻한다.

　눈으로 아무리 문장을 들여다보고 단어를 들여다봐도, 귀로 한 번 문장이나 단어를 듣는 것보다 뇌에서의 인지 효과가 훨씬 떨어진다. 언어 습득은 무조건 귀와 입을 사용하는 것이 정답이다.

귀로 소리를 듣고, 입으로 그 소리를 흉내 내 따라하고, 동시에 귀로 다시 자신이 내는 소리를 듣는다. 이것이 최선의, 최상의 언어 습득 방법이다. 소리로 습득한 언어는 오래 기억하기 쉽다.

마케팅의 고전이라 불리는 「포지셔닝Positioniing」은 어떻게 하면 광고와 마케팅이 효과적으로 소비자의 마음을 얻을 수 있는지에 대해 이야기한다. 사람들에게 제품을 널리 알리고 기억시키는 방법을 다루는 부분에서는 사람의 기억에서 소리를 통해 흡수한 정보가 얼마나 위력적인지를 소개한다. "소리 내어 읽지 않고 시를 외우려고 해 보라. 두뇌의 작업 언어인 청각 요소를 동원한다면, 글을 외우는 것이 그렇게 어려운 일이 아니다."[3] 즉, 사람은 문자보다 소리를 통해 얻은 정보를 더 잘 기억하기 때문에, 광고를 통해 제품을 각인시키고 싶다면 문자가 아닌 '소리'를 활용하는 게 더 효과적이라는 이야기이다. 시를 소리 내어 읽는 것과 그냥 눈으로 보고 외우려고 하는 것에 얼마나 큰 차이가 있는지에 빗대어 말하고 있다.

소리가 들리지 않으면 말을 배울 수 없다는 건 지극히 당연한

---

3 잭 트라우트 & 알 리스, 「포지셔닝Positioniing」, 을유문화사, p.131, 2006

너무나 **간단한** 방법 뒤에
너무나 **놀라운 원리**가!

사실이다. 대부분의 중증 청각장애는 언어장애로 이어진다. 말을 하지 못하는 사람의 경우, 보통 세 가지 원인 중 하나를 갖고 있다. 청력에 이상이 있거나, 혀 혹은 성대처럼 소리를 내는 신체 기관에 이상이 있거나, 뇌에 이상이 있는 것. 반대로 소리를 내거나 듣는 데 이상이 없다면 지능이나 학습능력이 조금 낮더라도 누구나 말을 할 수 있다.

이렇게 '듣기'는 언어를 습득하는 데 결정적인 영향을 끼친다. 건청인들은 상대방의 발음과 자신의 발음을 귀로 비교하는 것이 가능하다. 이 과정에서 무의식적으로 자신의 발음을 구축해 갈 수 있는 것이다. 그러나 소리라는 것을 아예 모르는 청각장애인은 그것이 불가능하다. 간혹 입 모양이나 혀의 위치를 보고 말하는 법을 배우기도 한다. 보청기와 같은 보조 기계를 쓰는 것이 가능한 정도의 청각장애인들이 수화 대신 사용하기도 하는 '구화口話'가 바로 그 예이다. 입술의 움직임을 읽고 상대방의 말을 알아내어 대화하는 이 방법은, 그러나 매우 고난도의 훈련을 필요로 한다. 목에서 손끝으로 느껴지는 진동을 흉내 내야 하고 상대방의 입과 혀를 직접 만져가며 익히기도 한다. 소리를 낸다고 해도 발음이 서툰 경우가 매우 많다. 영어 발음을 배울 때 입 모양이나 혀의 위치를 나타낸 사진을 보고 따라 해도 정확한 발음을 내기 어려웠던 이유도 이와 같다.

　이와 관련한 두 가지의 상반된 사례를 소개하겠다. 미국의 지니Genie라는 소녀는 생후 14개월부터 13세까지 아버지의 학대로 감금을 당했다. 태어나서 거의 대부분의 시간을 의자에 묶인 채 아무 소리도 듣지 못하고 살았고, 인간의 소리에 완전히 차단되어 있는 상태였다. 이후 구조되어 걷고, 씹고, 배설하고, 말하는 것을 훈련받았지만 언어습득에 오랫동안 커다란 장애를 겪을 수밖에 없었다.

　반면 청각장애인 부모에게서 태어난 건청 자녀의 경우도 있다. 침묵뿐인 집, 그리고 복지의 사각지대에 있던 탓에 말하기를 배우지 못했던 아이는, 집에 텔레비전이 갖춰지자 텔레비전 시청을 통해 3년 만에 비장애인과 똑같이 듣고 말할 수 있게 되었다. 텔레비전이 아이의 언어 선생님이 되어준 셈이다. 언어를 소리로 익혀야만 하는 이유가 여기에 있다. 글을 통해서 소리를 흉내 내려 하면 듣고 말할 수 없지만 소리를 통해서 흉내 내면 듣고 말할 수 있다. 언어는 듣기에서 출발한다.

돌고래도 춤추게 하라

 앞서 원어민들이 내는 '완성된 종이학' 소리를 들을 수 없는 이유에 대해 이야기했다. 태어나서 줄곧 한국어만 능숙하게 사용해온 탓에 영어의 고주파 소리를 들을 수 없기 때문이었다.

이러한 현상을 밝혀낸 것은 프랑스의 이비인후과 의사이자 심리음성학자였던 알프레드 토마티Alfred A. Tomatis 박사였다. '청각치료의 창시자'로 불리는 토마티 박사는 청각에 장애나 불편함이 있는 이들을 위해 평생을 바쳐 연구했다. '토마티 요법', 일명 '청각통합치료요법'은 지금도 전세계에서 자폐, 발달장애, 학습장애ADHD,

난독증, 학습부진, 집중력장애 등을 치료하는 데 활발히 이용된다.

언어별 선호 주파수 대역

앞서 도표는 8개 언어의 음성이 주로 차지하는 주파수 대역을 평균적으로 나타낸 것이다. 주파수, 즉 헤르츠Hertz, Hz는 '초당 진동수'로 소리의 높낮이와 밀접한 연관이 있다. 주파수가 낮을수록 낮은 소리를, 주파수가 높을수록 높은 소리를 낸다. 식당 같은 곳에서 확 튀는 외국어 말소리가 주의를 끄는 경험을 해보았을 텐데, 이는 해당 언어의 주파수 대역이 한국어에 익숙한 주파수 대역과 너무나 다르기 때문에 낯설게 들리는 현상이다. 물론 각 언어의 주파수에 관한 수치는 목소리 주인의 연령이나 성별에 의해 약간씩 차이가 있을 수 있다.

너무나 **간단한** 방법 뒤에
너무나 놀라운 **원리**가!

미국식 영어의 경우 낮게는 1,000헤르츠에서 높게는 5,000 헤르츠까지 대역을 이루고 있다. 그런가 하면 한국어는 훨씬 낮은 500헤르츠에서 2,000헤르츠 사이에 대역을 이루고 있다. 미국식 영어와 한국어의 주파수가 겹치는 구간은 불과 1,000~2,000헤르츠뿐이다. 따라서 영어 소리를 특별히 훈련받지 않은 보통의 한국인들은 2,000에서 5,000헤르츠까지는 듣기가 힘들다. 심지어 영국식 영어는 12,000헤르츠 대역까지 넘나들고 한국어와의 주파수 대역은 거의 겹치지 않는다. 영국식 영어가 더 알아듣기 힘든 이유가 단지 익숙하지 않은 억양 때문이 아니라는 것을 이제 알게 되었다. 미국식 영어든 영국식 영어든 우리말에서는 전혀 쓰이지 않는 고주파 소리가 상당 부분 존재한다. 그러나 우리 귀의 달팽이관은 뇌에 언어를 전달하기 위해 음파를 전기신호로 전환할 때 익숙한 주파수만 전달하려고 한다. 특정 범위 주파수 이외의 전환에는 훈련되어 있지 않기 때문이다. 대뇌피질에서도 모국어의 주파수에서 벗어나는 영역의 소리는 본능적으로 소음으로 분류한다. 높은 주파수의 영어 소리는 당연히 뇌에서 언어로 인식이 안될 수밖에 없었던 것. 지금까지 당신의 뇌는 열심히 들은 영어 소리의 대부분을 쓰레기통에 열심히 분리수거 하고 있었다! 모국어를 더 잘 듣기 위한 뇌의 생존전략으로 본래의 역할에 충실했을

뿐이다. 따라서 고주파 소리 영역에 우리 몸을 적응시키는 훈련이
필요한 것이다.

　일본어를 쓰는 사람들은 불과 1,500헤르츠 정도까지만 소리
의 높이가 올라가는 경향을 보인다. 실제로 일본인들은 영어에 대
한 거부감이 심하고 영어 성적이 낮은 편이다. 대신 한국어와 일
본어는 거의 비슷한 주파수 영역을 가지고 있으며, 500~1,500헤
르츠 범위를 공유하고 있다. 우리가 일본어를 모르는 상태에서 들
어도 일본어 소리를 비교적 또렷하게 들을 수 있는 것은 바로 주
파수와 발성법이 유사하기 때문이다.

　인간은 16~20,000헤르츠의 주파수 영역에 대해 민감한 청각
을 갖고 태어난다. 5세 이하의 어린이들이 외국어 소리를 스펀지
처럼 빨아들인다고 하는 얘기는 바로 여기에서 나온 것이다. 아기
들은 엄마의 뱃속에서부터 모국어를 들으며 모국어 주파수에 익
숙해진다. 그러나 모국어 습득이 완성되는 5세 무렵부터 주로 사
용하는 주파수 대역 외의 부분에는 둔감해지기 시작한다(그럼에
도 모국어도 완성되기 전에 외국어를 아이의 머릿속에 밀어 넣으
려 하는 것은 바람직하지 않다).

　당신이 5살이 넘었다고 걱정할 필요는 전혀 없다. 토마티 박

사 연구의 대전제는 '듣기는 훈련을 통해 교정이 가능하다'는 것이었으며, 그 전제대로 듣지 못하던 주파수의 영역 또한 노력을 통해 들을 수 있다는 연구 결과를 발표했다. 해당 주파수의 소리를 듣는 훈련을 통해 편하게 듣는 능력을 갖추면 그 주파수의 소리를 낼 수 있다는 것이다. 물론 인간이 들을 수 있는 영역, 즉 가청주파수의 범주를 말한다. 아쉽지만 우리가 아무리 노력해도 언어로 돌고래를 춤추게 만들지는 못할 것이다.

토마티 박사가 주창한 3원칙은 다음과 같다.

- **제1법칙** 귀로 들을 수 없는 음은 발음할 수 없다
- **제2법칙** 청각 개선에 따라 발성에도 변화가 나타난다
- **제3법칙** 청각 개선 후, 발성 개선도 정착시킬 수 있다

전 세계의 많은 어린이들이 토마티 요법으로 발달장애나 학습장애와 같은 증상을 치료하고 있다. 소리영어 역시 당신의 영어 듣기와 말하기를 획기적으로 고쳐놓을 단 하나의 방법이다.

지금까지 당신의 뇌는 열심히 들은 영어 소리의 대부분을
쓰레기통에 부지런히 분리수거하고 있었다!

뇌만 바꾸면 된다

영어 주파수 적응 훈련

 '청각 개선'이란 귀뿐만 아니라 뇌를 바꾸는 것이다. '소리를 듣는다', '말을 한다'는 행동은 귀나 입이 독자적으로 할 수 있는 일이 아니다. 귀와 입이 뇌와 전기신호를 주고받으며 일어나는 놀랍도록 복잡한 현상이다.

누군가 영어로 말을 하면 그 영어 소리가 공기의 흐름을 타고 우리 귀에 도착한다. 그 소리가 뇌까지 전달되는 경로는 다음과 같다.

> 귓바퀴 → 외이도 → 고막 → 이소골 → 달팽이관 → 중추신경 → 뇌

귓바퀴가 소리를 모아 외이도로 흘려보낸다. 소리 자극은 고막에 닿아 진동하며 귀의 더 깊숙한 안쪽으로 향한다. 이제 소리의 진동은 이소골을 거쳐 내이^{內耳}에 진입하게 된다. 주파수를 인식해서 뇌로 전달하는 부분, 바로 달팽이관으로 뱅글뱅글 미끄러져 들어간다. 달팽이관이 시작하는 두꺼운 부분은 '바닥'이라고 하고, 끝나는 가늘고 뾰족한 부분은 '꼭지'라고 하는데, 바닥부터 꼭지까지는 기저막이니 덮개막이니 코르티기관이니 림프액이니 하는 것들이 모여 흐른다. 두꺼운 전선을 가위로 뚝 잘라 보면 그 안에 가느다랗고 다양한 선들이 모여 있는데 이와 같은 모양이다. 소리가 바닥에서 출발해 꼭지에 도달할 때 진동수^{헤르츠}별로 기저막의 모양이 달라진다. 림프액의 파동 때문에 기저막이 진동하고, 코르티기관이 품고 있는 유모세포라는 것들이 덮개막과 마찰하며 그 위치에 따라 소리의 진동수를 감지하기 때문이다. 다음의 그림은 동그랗게 말린 달팽이관을 일자로 쭉 폈다고 가정했을 때의 모습이다. 높은 주파수의 소리가 들어오면 바닥쪽 기저막이 떨리고, 낮은 주파수 소리가 들어오면 꼭지에 가까운 기저관이 떨린다. 우리가 잘 구분하지 못하는 영어 소리는 고주파 소리라고 했다. '아, 영어가 왜 이렇게 쏼라 쏼라 살 안 들리냐…… 뭔 말인지 하나도 모르겠네.'라고 투덜거리고 있을 때 아마 당신의 귓속에서는 달팽

너무나 **간단한 방법** 뒤에
너무나 놀라운 **원리**가!

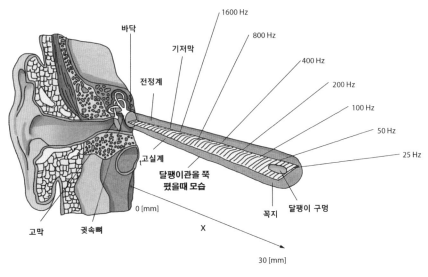

귀와 달팽이관.
달팽이관은 주파수 때문에 영어와 한국말을 달리 받아들인다.

이관의 바닥쪽 기저막이 엄청나게 떨리고 있을 것이다.

　이렇게 달팽이관을 떠난 소리는 청신경을 타고 대뇌로 향하는데, 이때 청신경은 음파를 전기신호로 바꾸어 전달한다. 우리 몸의 신경을 타고 뇌로 전달되는 모든 감각은 전기신호-화학신호-전기신호-화학신호-전기신호 하는 식으로 끊임없이 변환되며 이동한다. 시냅스를 타고 이동한 신호는 드디어 대뇌의 청각중추에 도착한다. 측두엽의 청각피질이 소리의 목적지인데, 청각피질도 달팽이관처럼 주파수를 감지하기 때문에 필요 없는 주파수는 대담하게 걸러 버린다. 이른바 영어 소리 '분리수거' 단계인데, 바로 이것을 막아야 영어 소리를 뇌에서 인지하게 된다.

1단계에서 가이드 소리, 즉 '호흡이 들어간 악센트 소리'를 반복적으로 듣는 것은 결국은 뇌를 바꾸기 위한 과정이다. 반복적으로 낯선 주파수의 소리를 들음으로써 귀에서 뇌까지의 소리 전달 경로에 새로운 적응을 시키는 것이다. 달팽이관과 대뇌피질이 익숙한 주파수를 분별해 인식하는 과정과 시냅스의 신호전달 효율 모두를 향상하는 것이 궁극적인 목적이다.

흔히 말하는 두뇌계발이란 바로 이런 것이다. 뇌를 바꾸어야 감각이 바뀌고, 감각을 바꾸면 듣고 말하는 능력을 바꿀 수 있다. 감각을 바꾸는 것은 곧 영어 소리를 선명하게 듣는 것을 뜻한다.

너무나 **간단한** 방법 뒤에
너무나 놀라운 **원리**가!

발성까지 조종하는 뇌

 청각피질에 도착한 소리는 '말하기'를 향해 다시 네 가지 관문을 거친다.

청각피질 → 베르니케 → 브로카 → 운동피질

청각피질에 도착한 소리는 가장 먼저 베르니케 영역으로 전달된다. 베르니케는 소리의 정보를 분석하고 이해하는 기능을 담당한다. 베르니케가 이해한 소리 정보는 다시 브로카 영역으로 보내지는데, 브로카 영역은 이해된 소리를 가지고 내보낼 말을 만들어내는 과정을 담당한다.

베르니케와 브로카. 마치 그리스 로마 신화에서나 봄직한 명 칭은 이들 부위를 연구해 그 역할을 밝혀낸 의사와 신경학자의 이 름에서 유래했다고 한다. 사람들이 겪는 언어 질환을 연구하던 중 다른 부위에 비해 더 빨리 밝혀진 부위들이기도 하다. 언어중추에 서 가장 중요한 역할을 맡고 있는 베르니케와 브로카, 만약 이 영 역을 다치면 우리에게 무슨 일이 벌어질까?

브로카 영역과 베르니케 영역이 손상되었을 때 생기는 증상 을 각각 브로카 실어증과 베르니케 실어증이라고 한다. 흥미로운 점은 브로카 실어증과 베르니케 실어증이 비슷하면서도 굉장히 상반되는 양상을 보인다는 점이다.

먼저 브로카 영역을 다친 사람은 말하는 것을 매우 어려워한 다. 말을 구성해내는 부위에 문제가 있기 때문에 조사·접속사 등 문법적 기능을 가진 기능어function words 말하기를 어려워하고, 명 사·동사·형용사·부사 같은 내용어content words는 간신히 내뱉는 수준이다. 생각하고 있는 내용을 잘 끄집어내지 못해 띄엄띄엄 말 하며 적당한 단어를 고르는 데에 시간이 오래 걸린다. 다만, 브로 카 실어증 환자들은 본인이 말하는 내용을 이해할 수 있다. 자신

너무나 **간단한** 방법 뒤에
너무나 놀라운 **원리**가!

이 말을 어눌하게 하거나 틀린 단어로 말하고 있다는 점을 인지하는 것이다.

반면 베르니케 영역을 다친 사람은 말은 유창하지만 말이 안 되는 말만 늘어놓는 특징이 있다. 자신이 말하고자 하는 어떤 단어를 소리, 관계, 의미 등이 비슷한 것으로 대체해서 말해버린다. '사과'라고 하고 싶은데 '딸기'라고 해버리고, '과자'라고 하고 싶은데 '사자'라고 하는 식이다. 다른 사람의 말을 알아들었다는 표정을 짓지만 사실은 제대로 이해하지 못한다. 가장 안타까운 점은 자신이 하는 말을 이해하는 것이 불가능해서 틀리게 말하고 있다는 사실을 스스로 인지하지 못한다는 것이다. 그렇게 때문에 베르니케 영역을 다친 경우에는 브로카 영역과는 달리 호전되지 않는다. 베르니케 영역은 인간과 유인원의 언어적 차이를 설명할 수 있는 몇 개의 고유한 영역 중 하나로서 인간의 베르니케 영역이 7배나 넓다.

뇌는 이렇게 우리 몸의 세세한 부분까지도 좌지우지하는 대단한 기관이다. 이 영역들이 우리의 영어 연습에 중요한 이유는 바로 3단계, 말이 터져 나오는 단계를 만들어내기 때문이다. 1단계 훈련을 통해 고주파의 영어 소리까지 완벽하게 들을 수 있게

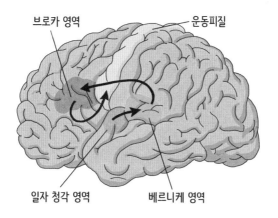

브로카 영역　　　　　운동피질

일자 청각 영역　　　베르니케 영역

말의 이동 경로: 청각피질 → 베르니케 → 브로카 → 운동피질

되면 베르니케 영역에서 이 선명한 영어 소리를 이해하게 된다. 2단계에서 미드나 CNN의 소리를 들으면서 내용을 이해하게 되는 것도 베르니케 영역 덕분이다. 원어민이 우리에게 말을 걸면 당신은 베르니케 영역으로 그 말을 이해하게 될 것이다. 이렇게 이해한 내용을 토대로 무슨 대답을 할지 생각하게 되는데 그 역할을 하는 것이 바로 브로카 영역이다. 반복을 통해 이 모든 과정이 익숙해지면, 브로카 영역에서 만들어진 대답이 바로 운동피질로 전달된다. 운동피질은 말을 하도록 성대기관을 소성한다. 3단계에는 훈련된 운동피질을 통해 드디어, 영어로 유창하게 말하게 된다!

너무나 **간단한** 방법 뒤에
너무나 놀라운 **원리**가!

Dr. 헵의 증명

 3단계가 당신이 '진짜 영어'로 말을 내뱉게 되는 순간이다. 그러나 실제 3단계에 들어선 40대 중반의 한 남성은 당황할 수밖에 없었다. 머릿속으로 생각하지 말고 무조건 영어로 말하라는 주문이 너무나 당혹스러웠기 때문이다. 겉으로 표현하지 않았지만 아마도 그의 속마음은 이랬을 것이다.

'별 이상한 요구를 다 하네. 아니, 한국어로도 말을 하려면 먼저 생각을 해야 하는데, 영어를 아무 생각도 하지 말고 무작정 말하라니……. 1~2단계에서는 말하지 말고 듣고 흉내만 내라더니, 상식

적으로 이제 와서 말이 튀어나온다는 게 말이 된다고 생각하나?'

의심을 가진 채 한 달이 지나고 두 달이 지났다. 연습을 마친 어느 날, 그분이 조심스럽게 다가왔다. 그러고는 신기하다는 표정을 지으며 말했다.

"영어가 나와요. 저절로 그냥 입에서 나와요."

원어민과 완벽하게 똑같진 않아도, 심도 있는 주제에 대해 모국어처럼 이야기할 수 있더라는 얘기였다. 조금만 더 지나면 영어를 아주 유창하고 자유롭게 할 수 있다는 확신이 든다고도 했다. 이 40대 남성은 훈련법을 익히기 전까지 영어를 한 마디도 알아듣지 못했고 더욱이 외국인 앞에서는 "Nice to meet you." 정도만 간신히 뱉을 수 있는 수준이었다. 1단계와 2단계를 차근차근 거치고 3단계에 접어들자 비로소 영어 소리가 우리말처럼 편하게 들렸고, 하고 싶은 말을 거침없이 쏟아내게 된 것이다.

소리영어의 이러한 과정을 뇌과학적·신경학적 측면에서 이미 증명해낸 사람이 있다. 캐나다 심리학자 도날드 헵Donald Hebb이 그 주인공이다. 헵 박사는 "경험을 통해 뇌의 구조와 기능을 변화시키는 능력"이 인간에게 있다는 것을 발견했다.

신경세포와 그 연결에 대해 연구해 헵의 법칙hebbian rule이라

너무나 **간단한** 방법 뒤에
너무나 놀라운 **원리**가!

고 이름도 붙였다. 헵의 법칙은 '함께 활성화되면, 함께 연결된다' 는 이론이다. 반복적인 자극을 받아 어떤 신경회로가 반복적으로 활성화되면, 그것을 이루는 신경세포들 사이에서 연결을 강화하는 화학물질이 분비된다고 한다. 이 물질은 신호 전달이 잘 되도록 더 많은 통로를 만들어 내거나 강화하는 역할을 하는데, 이렇게 신경세포 시냅스가 생기고 화학적 변화가 만들어지면서 우리의 기억이 '장기강화' 된다는 것이다.

이것을 신경가소성Neuroplasticity이라고 부른다. 조금은 생소한 용어인 '가소성'은 고체에 힘을 가해서 변형을 시켰을 때 힘을 제거한 후에도 그로 인해 생긴 비뚤어짐이 그대로 남는 현상을 뜻한다. 우리가 지대한 관심을 갖고 있는 기억력, 학습 능력과 가장 밀접한 용어이다. 신경학자들은 기억이나 학습 같은 뇌기능의 유연한 적응능력을 '뇌의 가소성'으로 표현한다. 너무 탄탄해서 좀처럼 변하려 들지 않는 신경회로를 바꿀 만큼 강한 자극을 주는 것이다. 어릴 적 해본 기찻길 놀이를 떠올려 보자. 당신이 선로를 놓는 대로 기차가 움직였다. 그렇게 선로를 변경하는 것이 뇌에서도 일어난다는 것. 선로 변경, 즉 새로운 회로를 만들면 신경가소성이 발현된다. 우리가 1년 동안 영어를 연습하는 것처럼, 비교적 짧은 기간에 가해진 자극이 뇌에 장기적인 변화를 일으키는 것이다. 자극이 사라져도 그 변화는 계속 남게 된다.

실제로 헵 박사는 언어 습득에 대한 연구도 진행했고, 외국어를 말하는 지각에서의 가소성과 안정성을 실험하여 '헵의 법칙'이 똑같이 적용된다는 사실을 밝혀냈다. 일본의 성인들에게 r과 l 발음의 차이를 가르쳤을 때 성공과 실패의 경우를 파악했다.[4] 이 연구를 통해, 비원어민인 성인들이 어떤 과정을 통해 차별화된 영어 말하기를 습득하는지 알아낸 것이다. 뚜렷하게 지각하게 만드는 과장된 자극, 즉 원어민 소리보다 과장된 소리를 듣고 훈련했을 때 비로소 진짜 영어 소리를 듣고 말할 수 있다는 결과가 나왔다.

많은 언어학 연구자들이 이러한 실험을 했다. 실험의 결과는 이렇다. 가장 좋은 향상 효과를 보인 것은 일부러 조정된 조건, 즉 '호흡이 들어간 악센트 소리'를 가이드의 피드백과 함께 훈련한 피실험군이었다.

헵 박사의 연구 결과에 대입하면 다음과 같은 결론이 나온다.

---

4 Cognitive, Affective, & Behavioral Neuroscience, 2002, 2 (2), 89-108

너무나 **간단한** 방법 뒤에
너무나 놀라운 **원리**가!

1위 소리영어 1단계 과장된 발음 가이드와 반복 청취

가장 강력하고 확실한 향상이 있음. 다음 단계로 나아가기
에 유리한 방법.

2위 소리영어 2단계 원어민 발음 가이드와 반복 청취

상당히 실질적인 향상이 있음.

3위 가이드 없이 무작정 원어민 음성을 청취

아무 효과 없음.

이 결과는 소리영어에서 강조하는 '가이드 소리 듣기'가 어떻
게 우리의 뇌 구조를 바꾸고 영어 듣기와 말하기 능력을 향상시키
는지 단적으로 보여준다. 뇌의 신경가소성을 만드는 데 유용한 두
가지 방법은 바로 '경험과 반복'이다. 이때 기계적인 반복을 하는
것이 아니며, 어느 정도의 주의와 집중이 필요하다. 집중을 할 때
신경회로가 바뀔 수 있기 때문이다.

당신이 '영어를 잘하고 싶다'는 목표를 가지고 집중할 때, 뇌
의 앞부분인 전두엽이 활성화되면서 영어 소리 듣기에 대한 주의
가 흐트러지지 않게 된다. 덕분에 다른 잡념이나 생각에 빠지는
것을 막을 수 있다. 이렇게 선명하고 강한 목표를 가지면, 뇌에서

훈련을 통해 우리 뇌의 '영어 스위치'를 켜자!

는 필요 없는 정보를 막고 하려는 일을 더 잘할 수 있게 당신을 돕는다. 당신의 영어 듣기와 말하기 완성을 위해서는 이처럼 뇌 구조와 신경가소성을 변화시키는 것이 급선무이다.

근육도 맛을 안다

 "근육 세포가 스테로이드 맛을 못 잊는다"는 얘기를 들어 본 적이 있는가?

스테로이드는 각종 스포츠 경기에서 금지된 약물이다. 스테로이드를 잡아내기 위해 경기 전 항상 도핑doping테스트를 진행한다. 도핑은 운동선수가 경기력을 일시적으로 높이기 위해 스테로이드 같은 각종 약물을 복용하거나 혈액·유전자 조작 등 금지된 방법을 사용하는 것을 말한다. 2016년 리우올림픽 개막을 앞두고 세계반도핑기구WADA가 러시아의 국가 차원 도핑을 폭로한 일화가 있다. 이로 인해 러시아는 역도·육상 등 4개 종목에서 리우올림픽

너무나 **간단한** 방법 뒤에
너무나 놀라운 **원리**가!

출전을 금지당했다. 도핑테스트에서 약물 복용이 적발된 운동선수는 2년간 선수 자격정지라는 징계를 받는다. 우리에게도 너무나 익숙한 테니스 선수인 샤라포바도 도핑테스트에 걸려 2016년 1월 26일부터 2018년 1월 25일까지 2년간 선수 자격을 정지당했다.

그런데 현재 운동선수들의 도핑테스트 재검사 기간인 2년이 너무 짧다는 주장이 제기되었다. 신체능력 강화를 위해 사용한 약물이 반영구적으로 몸에 영향을 미칠 수 있다는 연구 결과가 나왔기 때문이다. 노르웨이 오슬로대 생물학과 크리티안 군데르슨 Kristian Gundersen 교수 팀은 스테로이드 약물을 복용시켜 근육의 무게와 근육세포 수를 늘린 쥐와 약물을 복용하지 않은 보통 쥐를 대상으로 실험을 진행했다. 약물을 끊게 한 뒤 3개월 후, 두 그룹에 6일간 동일한 양의 운동을 시켰다. 그 결과 약물을 복용하지 않은 그룹은 특별한 변화가 없었고 약물을 복용한 그룹은 근육 중량이 30% 늘어난 것이다. 3개월은 쥐 수명의 약 15%로, 인간으로 치면 15~20년 정도에 해당하는 긴 시간이다. 한 번 복용한 약물은 장시간이 흘러도 근육 발달에 영향을 미친다는 사실이 밝혀졌다. 군데르슨 교수는 이를 '근육 세포의 기억 메커니즘'이라는 말로 설명한다. "한 번 약물에 적응한 근육은 세포가 기억 메커니즘을 갖고 있기 때문에 약을 끊은 뒤에도 쉽게 발달한다"는 것.

혹시 소리영어를 스테로이드에 비유하려는 것인가? 하는 의문이 들었다면 눈치가 빠른 분이다. 맞다. 소리영어 훈련법은 당신의 귀와 뇌, 입 모두에 스테로이드와 같은 역할을 한다. 제1의 가치가 정정당당인 스포츠의 세계에서 스테로이드는 분명 금지되어야 할 약물이지만, 하루라도 빨리 영어를 익혀 사용해야 하는 당신에게 소리영어 방법은 꼭 필요한 도움이다.

웨이트 트레이닝을 열심히 하는 분들은 한 번쯤은 스테로이드의 효과에 대해 이야기를 듣게 된다. 왜 그렇게 다들 스테로이드 타령일까? 스테로이드는 그 자체로 근육을 부풀리는 것이 아니고 근섬유가 파열되고 재생되는 과정의 시간을 단축시킨다. '근육을 키운다'는 것은 운동을 해서 일어난 근세포의 손상을 재시공함으로써 이루어지는 일이다. 스테로이드 덕에 회복이 빠르니 근육을 만드는 시간이 더 빨라지는 것이다. 근육 생성에 영향을 미치는 것은 물론 근육 유지에도 어느 정도 영향을 미친다고 한다. 운동 하는 분들이 스테로이드를 복용하다 중지해도 이미 생성된 근육이 풍선 쪼그라들듯이 급격하게 줄어드는 게 아닌 것은 바로 이 때문이다. 다만 투약 시만큼 강도 높은 운동을 할 수가 없으니 근육 감소가 일어나는 것뿐이다.

1~3단계의 소리영어를 마치면 당신에게 어떤 일이 일어날

너무나 **간단한** 방법 뒤에
너무나 놀라운 **원리**가!

까? 영어를 다 익혔으니 이제 좀 쉬어야겠다, 하는 분들은 아마도 없을 거라 생각한다. 영어를 잘하게 되었으니 이제 우리말처럼 영어를 자유롭게 구사하며 살게 될 것이다. 영어를 더 듣고, 더 말할수록 당신의 뇌와 입이 더 발달하는 것은 당연하다. 영어 원어민이든 한국어 원어민이든 모두 같다. 해당 언어를 쓸수록 사람의 언어 능력은 지속적으로 발달한다. 연설도 많이 훈련하고 많이 실행해본 사람이 잘하고, 논문도 많이 읽고 많이 써본 사람이 잘 쓴다. 소리영어를 통해 1~2년간 강화된 뇌와 근육의 작용은 당신의 뇌와 근육의 세포에 남아 군데르슨 교수가 말한 '기억 메커니즘'을 지속적으로 작동시킬 것이다.

스테로이드는 보통 2~3배의 근육량 강화 효과를 나타내는 것으로 알려져 있다. 야구선수의 경우 타구 비거리가 평균 15m나 늘어난다는 연구 결과도 있다. 경기력에 직접적이고 강력한 영향을 미치기 때문에 더욱 예민해질 수밖에 없는 문제이다. 소리영어도 이와 같다. 10년, 20년을 공부해도 못하던 영어를, 단 1년 만에 완성할 수 있다. 그야말로 가장 빠르고 강력한 영어 습득 방법이다. 그 연습 방법을 몰라서 못하는 분들이 많지만 일단 그 방법과 원리, 효과만 알고 나면 안 하겠다는 분들은, 거의 없다.

Chapter 3

실전연습

20문장 맛보기

그럼 이제 실제로 영어 소리를 듣고 직접 체험해보자. 영어를 익히는 데에는 문법도 단어도 먼저가 아니라고 누차 이야기했다. 눈도 손도 일단은 필요 없다는 말이다. 우리에게 필요한 건 단 한 가지, 편안하게 귀를 열고 음악을 듣듯 영어 소리를 듣는 것이다.

1 미드나 영화 속 원어민 소리

2 호흡과 악센트를 강조하는 과장된 가이드 소리를 천천히

3 호흡과 악센트를 강조하는 과장된 가이드 소리를 중간 빠르기로

<u>4</u> 호흡과 악센트를 강조하는 과장된 가이드 소리를 본래 빠르기로

<u>5</u> 다시 미드나 영화 속 원어민 소리

이 순서로 반복해 듣다 보면 1과 5의 소리가 전혀 다르게 들리는 것을 느낄 수 있을 것이다. 1에서는 뭉개져 들리며 너무 빠르다고 느껴졌던 소리가, 5에서는 좀 더 느리고 또박또박하게 들린다. 완벽하게 같은 소리임에도 불구하고 확연히 다른 것을 알 수 있다. 2~3의 소리가 귀에 들어와 있기 때문이다. 바로 이것이 우리의 귀와 뇌를 훈련하는 과정이다. 챕터 2에서 얘기했던 귀의 달팽이관, 뇌의 베르니케와 브로카 기관, 뇌의 신경가소성 등을 영어 소리를 받아들이기 쉽게 활성화하는 방법인 것이다. 훈련이라고 해서 특별히 어려운 방법이 있거나 고난이도의 기술이 필요한 것이 아니다. 오히려 그 반대에 가깝다. 귀를 열고, 들으면, 끝이니까. 단지 반복하면 할수록 좋은 효과를 볼 수 있다는 것만 명심하면 된다. 모든 종류의 연습이 그렇듯이 말이다. 김연아만 그 아름다운 트리플 러츠와 트리플 토룹을 선보이기 위해 수십만 번의 연습을 하는 것이 아니다. 세상의 모든 아기들 역시 모국어를 능숙하게 듣고 말하기 위해 같은 말을 듣고 또 듣고 따라한다!

군이 소리 내어 따라하지 않고 귀 기울여 듣기만 해도 3개월 이상 반복하면 귀가 트이기 시작한다는 것이 이 방법의 좋은 점이다. 처음부터 소리 내어 따라할 필요가 없다고 하는 것은 어차피 초반에는 따라하더라도 '호흡이 섞인 악센트 소리'를 낼 수 없기 때문이다. 원어민의 발성을 갖고 있지 않는 한 평범한 한국인이 이 소리를 내기란 어렵다. 또한 이런 발성을 갖고 있다면 그 사람은 이미 영어 소리를 선명하게 들을 수밖에 없다. 호흡과 악센트가 강조된 가이드 소리를 반복해서 듣다 보면 귀가 훈련되면서 앞서 말했던 뇌의 운동피질, 즉 우리의 성대와 혀를 움직이게 하는 뇌의 기관도 차차 변하게 된다. 가이드 소리를 계속 듣다 훈련이 되었을 때 인위적으로 노력하지 않아도 자연스럽게 원어민의 호흡 섞인 악센트 소리를 따라할 수 있게 된다. 특이한 말투를 가진 친구와 새로 사귀게 되었을 때 일정 기간이 지나 자신이 그 친구의 말투를 자기도 모르게 따라하고 있는 것을 발견한 적이 있는지? 바로 그 원리가 영어 습득에서도 똑같이 적용된다. 특정 말투, 발성을 자연스럽게 습득하는 것은 오랜 반복을 통해서 이루어지고, 또 한 번 몸에 밴 말투는 고치려고 해도 쉽게 고쳐지지 않는다.

　가이드 소리를 따라해 보고자 할 때 일부러 큰 소리로 따라할 필요도 전혀 없다. 오히려 평소 자신이 말하는 크기의 3분의 2 정도의 나직한 소리로 따라하려고 해보자. 인위적으로 큰 소리로 발성하는 것은 호흡이 들어간 악센트 소리 내는 것을 오히려 방해하기 때문이다. 원어민의 발성법에 익숙하지 않은 단계에서 무턱대고 소리만 크게 내려고 하면 호흡과 악센트에 신경을 덜 쓰게 될 뿐만 아니라 발성에 무리가 가고, 원어민의 말 빠르기를 따라하는 데 방해가 된다. 큰 소리로 말하는 것은 나중에 해도 문제가 없다. 호흡이 들어간 악센트 소리를 제대로 발성하게 되었을 때, 그 상태에서 단지 볼륨만 키우면 된다. 그때 비로소 원어민에 가까운 소리로 충분히 크게 말할 수 있다. 처음부터 크게 소리 내는 것은 결코 효과적이지 않다!

여기 실린 20문장은 문법을 외우기 위한 것도 아니고, 단어를 외우기 위한 것도 아니고, 통문장으로 외우기 위한 것도 아니다. 문법, 단어, 문장 외우기에 치중하다 보면 결국 20문장 속에서 그것밖에 얻지 못한다. 20일도 좋고 40일, 60일도 좋다. 하루에 한 문장씩 20문장을 그저 반복해 듣다 보면 여러분의 귀는 점점 달라진다. 영어 소리를 듣기에 적합한 귀로 야금야금 변해간다. 소리에 익숙해지면 그것을 말하는 것은 시간 문제다. 당장 스마트폰에 QR코드를 읽는 어플리케이션부터 실지하고 매일매일 소리를 듣기 시작하자.

 We can grab a coffee.

01

We can grab a coffee.

커피 한잔 하죠.

grab a coffee 커피 한잔 하다

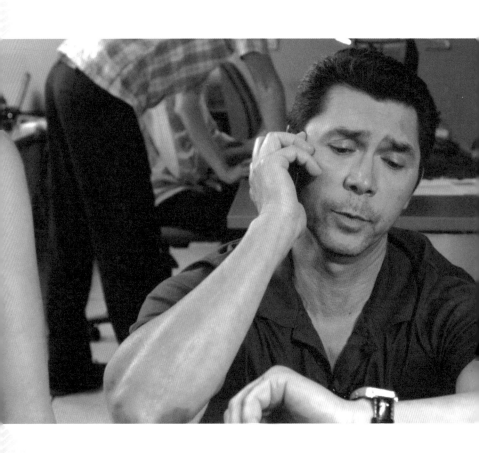

 I'll be there in 15 minutes.

02

I'll be there in 15 minutes.

15분 안에 그곳으로 갈게요.

in ~안에, ~후에

20문장 맛보기

 How soon can you get here?

03

How soon can you get here?

얼마나 빨리 여기 올 수 있어요?

How soon can you + 동사 얼마나 빨리 ~ 할 수 있어요?

get (장소, 위치에) 도착하다

20문장 맛보기

I left my bag in the trunk of the car.

04

I left my bag in the trunk of the car.

차 트렁크에 가방을 놔두고 왔어요.

leave ~을 두고 오다[가다]

My baby's never let me down before.

05

My baby's never let me down before.

내 차는 그간 날 실망시킨 적이 없어.

baby 소형 자동차

let somebody down ~를 실망시키다

 **Please let me know if you leave town.**

06

Please let me know
if you leave town.

마을을 떠나게 된다면 제게 알려주세요.

let ~하게 해주다

leave 떠나다

 There's something wrong with the car.

07

There's something wrong with the car.

차에 문제가 좀 있어요.

There's something wrong with~ ~에 문제(이상)가 있다

20문장 맛보기

 Look, Michael, I'm really busy right now.

Look, Michael,
I'm really busy right now.

이봐요, 마이클, 지금은 제가 너무 바빠요.

look 이봐, 저기(자기 말에 주의를 기울이라는 뜻으로 하는 말)

right now 지금

I tried calling but I couldn't get through.

09

I tried calling but I couldn't get through.

전화했는데 연락이 되지 않았어요.

get through (전화로 ~와) 연락이 닿다

20문장 맛보기

The reception's bad. I can hardly hear you.

10

The reception's bad.
I can hardly hear you.

수신 상태가 좋지 않아서 목소리가 잘 들리지 않아요.

reception (라디오, 텔레비전, 전화의) 수신상태

hardly 거의 ~할 수가 없다, ~하기가 어렵다

20문장 맛보기

You were still taking notes after McEwan died.

11

You were still taking notes after McEwan died.

매큐언이 죽은 뒤에 계속 뭔가를 적고 있었잖아요.

take notes 기록하다

We are gonna need lots of coffee.
I'll be back.

12

We are gonna need lots of coffee. I'll be back.

커피가 많이 필요할 거예요. 금방 올게요.

lots of 수많은

be back 곧 돌아오다

20문장 맛보기

We can't read you clearly.
Can you repeat that?

13

We can't read you clearly. Can you repeat that?

잘 들리지 않는군요. 다시 말해주시겠어요?

read (무선 통신에서) 알아듣다

clearly 또렷하게, 분명히

repeat 다시 말하다

20문장 맛보기

This is exactly why our marriage is not working.

14

This is exactly why our marriage is not working.

이게 바로 우리 결혼 생활이 잘 안 되고 있는 이유에요.

exactly 정확히, 꼭, 틀림없이

marriage 결혼 생활, 결혼

work 작동되다, 기능하다

I've got some serious doubts about your theory.

15

I've got some serious doubts about your theory.

당신이 주장한 이론에는 많은 의문점이 있어요.

serious doubt 강한[깊은] 의혹

theory 이론, 학설

20문장 맛보기

I recognize his voice from when he said "I do." I'm gonna borrow this in case he calls back.

16

I recognize his voice from when he said "I do."
I'm gonna borrow
this in case he calls back.

그 남자가 "그래요"라고 말했을 때
그 사람 목소리라는 걸 알 수 있죠.
다시 전화할지도 모르니까 이것 좀 빌릴게요.

recognize 알아보다, 인식하다

borrow 빌리다

in case ~할 경우에 대비해서

call back 다시 전화를 하다

● 155 ●

20문장 맛보기

My boys tell me we barely have forty minutes.
If we don't get that data now, it's doomsday.

17

My boys tell me we barely have forty minutes. If we don't get that data now, it's doomsday.

제 동료들 말로는 40분도 채 남지 않았다더군요.
지금 그 데이터가 없으면 이제 끝이에요.

boys 남자 동료들, 부하들

barely 간신히, 가까스로, 빠듯하게

doomsday 종말, 최후의 심판일

20문장 맛보기

I'm not the same woman who looked up at you with those puppy dog eyes all those years ago.

18

I'm not the same woman who looked up at you with those puppy dog eyes all those years ago.

전 예전처럼 순진한 눈으로
당신을 동경하던 여자가 아니에요.

look up 우러러보다

puppy dog eyes 남의 말을 잘 믿고 천진난만한 얼굴표정

all those years ago 수년 전

20문장 맛보기

She's left several messages for Mr. Kain and he won't listen to them, and I think they're important.

19

She's left several messages for Mr. Kain and he won't listen to them, and I think they're important.

그녀가 케인 씨한테 수차례 메시지를 남겼는데
그는 귀담아 듣지 않을 거예요. 중요한 일 같은데 말이에요.

several 수개의, 몇몇의

won't will not의 축약형

listen to 귀를 기울이다

important 중요한

20문장 맛보기

I went to tank school for eight months in the Marines.
These controls look a lot more complicated.

20

I went to tank school for eight months in the Marines. These controls look a lot more complicated.

해병대에 있을 때 8개월 간 탱크 운전을 배웠어요.
이 조종 장치는 훨씬 복잡해 보이네요.

Marines 해병대

control (기계, 차량의) 제어장치

look ~해 보이다

a lot more 더 많이   **complicated** 복잡한, 까다로운

20문장을 다 듣고 이 페이지를 보는 분도 있을 것이고 일단 듣기는 잠깐 미루고 이 페이지로 건너뛴 분도 있을 것이다. 원어민 소리가 천천히 들리는 경험을 해본 분은 그런 대로, 아직 원리만 이해한 분은 또 그런 대로 '귀가 트이면 그 다음은 어떻게 해야 하는데?' 하고 물으실 테다. 챕터 4는 여러분이 영어 소리를 편하게 듣게 된 후의 이야기를 다룬다. 영어 듣기를 해결하고 나면 왜 나머지를 잘할 수밖에 없는지 말이다. 말하기, 읽기, 쓰기까지 자연스럽게 따라오는 영어 익히기 방법을 살펴보자.

Chapter 4

왔노라, 들었노라, 말했노라!

코어는 근육에만 있는 게 아니야

 우리 몸통은 여러 가지 근육으로 이루어져 있다. 근육은 복부를 단단히 잡아주어 신체 안정화에 기여하기도 하고, 척추를 바르게 유지하도록 도와주고, 호흡을 할 수 있게 해주고, 장기를 보호하기도 한다.

그중 코어 근육Core muscle은 우리 몸의 중심을 잡아주는 근육으로 다른 근육과 달리 단련을 해도 쉽게 눈에 띄지 않아 소홀해지기 마련이다. 코어 근육을 제외한 다른 부위의 근육만 성장시키면 몸에 심각한 불균형이 찾아온다. 코어 근육만 잘 건사해도 자세 교정, 균형감각, 부상 방지, 소화력 개선, 성인병 예방, 스트레스 해

소, 다이어트까지 수많은 이득이 따라온다는 것은 결코 과장이 아
니다.

영어에서의 코어 근육은 '말하고 듣는' 의사소통이다. 의사소통을
할 줄 알면 읽고 쓰는 것은 자동으로 따라오게 되어 있다. 그동안
우리가 해왔던 영어 공부는 코어가 아닌 그 외의 것만 열심히 기
르려는 시도였다. 듣고 말하지도 못하면서 문법과 단어를 열심히
쓰고 외우려고만 했으니 말이다.

소리영어 연습 순서	듣기 → 말하기 → 읽기 → 쓰기
우리나라 영어 교육순서	읽기 → 쓰기 → 말하기 → 듣기

　　단어와 문법을 공부하고 싶다면 나중에 해도 충분하다. 단, 듣
고 말하기를 먼저 완성해놓고 해야 한다. 급한 건 듣고 말하는 능
력이다. 소리영어로 먼저 영어를 완성해놓고 더 필요한 것은 그때
해도 절대 말리지 않겠다. 지금의 대한민국 영어교육 방법은 영어
를 자연스럽게 배우는 순서에 완전히 역행하는 순서로 진행되고
있다. 소리영어는 현 영어교육과 충돌하지 않고 양립 가능한 영어
습득 방법이다.

**왔노라, 들었노라,
말했노라!**

모국어 습득 과정과 우리나라 영어학습 과정의 차이

모국어 습득 과정	우리나라 영어학습 과정
1 부모의 말을 듣는다	1 단어를 외운다
2 소리를 듣고 옹알이를 한다	2 문법을 외운다
3 단어를 반복해 듣고 따라 말한다	3 표현을 외운다
4 단어의 의미를 알아간다	4 무작정 영어 CD를 듣는다
5 글을 익힌다	5 독해를 한다
6 그림책을 읽는다	6 문법이나 표현을 풀이해 주는
7 글쓰기를 배운다	강의를 듣는다
8 독서량을 늘리며 고급어휘를 익힌다	
9 문법을 배운다	

지금까지 '진짜 소리를 듣는 것'이 얼마나 중요한지 설명했다. 여러 가지 과학적 원리와 연구 결과가 당신의 궁금증을 해결해 주었을 거라고 생각한다. 이제 듣기도 전에 단어를 외우고, 문장을 통째로 읽고, 글을 쓰려고 하는 게 얼마나 안타까운 행동이었는지 깨닫게 되었으리라 믿는다. 원어민들이 자주 쓰는 문장 50개만 외우면 된다든지, 2만~3만 개나 되는 단어가 빼곡하게 쓰인 책을 잡아먹을 기세로 외우는 것이 얼마나 말도 안 되는 방법인지도 알게 되었을 것이다. 우리말 설명이 영어 학습에 방해가 된다며 그림과 함께 제시된 문장을 보고 달달 외우거나, 어순을 핑계로 영어식

사고를 주입하려는 시도가 얼마나 문제 있는 방법인지도 말이다. 최근에는 단어를 쉽게 암기하도록 도와준다는 기계까지 등장했는데 이것이 왜 필요 없는 물건인지도 잘 알게 되었을 거라 믿는다.

이제까지의 영어 듣기는 우리식 영어 발음과 암기한 영어 단어를 맞추어 보고 영어식 발성을 알아들으려는 시도와 같았다. 한국 사람과 미국 사람이 함께 길을 가다 강아지 짖는 소리가 들린다면 그들은 같은 소리로 인식할까? 그렇지 않다. 한국 사람은 '멍멍'이라고 듣고 미국 사람은 'bowwow'라고 듣는다. 새소리도 마찬가지이다. 한국 사람은 '짹짹'이라고 듣지만 미국 사람은 'tweet tweet'이라고 듣는다. 같은 소리라도 쓰는 언어에 따라 다르게 들린다는 것을 알 수 있다. 우리는 지금까지 너무나 간절하게 'cock-a-doodle-doo~'라고 말하고 싶어 하면서도 매번 '꼬끼오~'라는 소리를 들어왔다. 'cock-a-doodle-doo'라는 글자를 보면서 입으로는 '꼬끼오'라고 외워 말하는 연습을 했다. 이 책을 읽은 분들에게 더 이상 이런 일이 없기를 바란다.

**왔노라, 들었노라,
말했노라!**

토익 900점, 넘기 싫어도 넘는다

토익 응시생의 90%는 한국에 산다. 왜?

 토익TOEIC, Test Of English for International Communication. 한국 대학생들과 모든 취업준비생들의 통과의례가 된 시험이다. 아르바이트로 힘들게 번 돈을 토익 학원비와 토익 시험비로 고스란히 쓰는 학생들을 본다. 정말 안타깝지만 더 안타까운 건 이것이 요즘 한국사회에서 너무나도 흔하게 볼 수 있는 모습이라는 점이다.

토익, 토플TOEFL, 텝스TEPS, 아이엘츠IELTS, 토익스피킹, 오픽OPIc······. 당신의 등골과 시간과 체력을 뽑아먹는 공인 영어시험은 수도 없이 많다. 각각의 시험에 대비하도록 도와주겠다는 영어

학원도 많다.

1995년 무렵 삼성 등의 대기업들이 필기시험 과목 중 영어를 토익과 같은 공인 영어시험 성적으로 대체하겠다고 발표하면서 대한민국은 영어 열풍에 빠졌다. 원래도 영어에 대한 국민적 관심이 높았지만, 기업과 대학이 토익 점수를 '영어 능력 평가의 잣대'로 삼게 되면서 이 현상이 더 심해진 게 아닐까 싶다.

물론 토익이나 토플은 필요한 시험이 맞다. 기업의 입장에서는 수많은 지원자 중 적합한 인재를 뽑기 위해 객관적인 평가수단이 필요하다. 그런데 그것이 꼭 토익이나 토플이어야 하는가에 대해서는 의문이다. 대학을 졸업할 때도 일정 수준 이상의 토익 점수가 있어야 하고, 기업의 신입사원 채용 시 제출하는 이력서에는 토익 점수를 기입하는 칸이 아예 마련되어 있다. 입사 후에도 승진을 하려면 계속 영어 점수를 따내야 하고, 심지어는 중·고등학생들도 대학 입시를 위해 토익에 매달린다.

진짜 문제는 토익이나 토플 점수가 아무리 높다 해도 정작 영어를 잘하는, 즉 영어를 제대로 듣고 말할 수 있는 사람은 별로 없다는 사실이다. 토익 점수가 900점대라 해도 그것은 일반 미국 사람들이 일상에서 전혀 구사하지 않는 소리, 즉 시험에 맞게 읽은 소리를 잘 들은 것에 불과하다. 생각해 보면, 영화에도 드라마에

도 현실에도 원어민 중 토익 듣기 시험처럼 말하는 사람은 하나
도 없다.

자, 그럼 이쯤에서 토익 시험의 난이도를 한번 살펴보자.

01. What time does the workshop start?

   (A) I'll ask them.

   (B) I'm speaking, too.

   (C) Yes, too late.

토익 리스닝 중 'Part2'의 내용이다. 질문자가 한 문장으로 질
문을 하면, 그에 알맞은 대답을 고르는 방식이다. 리스닝 테스트를
할 때의 모습을 상상해보면 일단 고개를 푹 숙이고 정답이 나오는
순간 문제지를 찌르기 위해 연필을 겨냥하고 전투태세를 갖춘다.
온몸의 신경을 귀에 집중시켜 소리를 듣는데, 뒤에서 누가 재채기
라도 하면 '너 때문에 한 문제를 놓쳤잖아!' 하며 쏘아보기도 한다.
그럼 문제가 무슨 뜻이었는지 살펴볼까?

01. 워크숍이 몇 시에 시작하나요?

   (A) 내가 그들에게 물어볼게요.

(B) 나도 말하고 있어요.

(C) 네, 너무 늦었어요.

당연히 정답이 (A)라는 건 누구나 아실 테다. 이 대화가 그토록 집중해서 들어야 할 만큼의 난이도인가? 하루에 10시간씩 도서관 책상에 앉아 공부해야만 들을 수 있는 수준인가? 결코 아니다. 어떤 외국인이 1년 넘게 저런 식의 한국어 문제를 풀고 있다면 아마도 당신은 이렇게 생각할 가능성이 높다. '아휴… 저거 시간낭비 같은데?'

토익에 대한 관점을 이제 좀 바꿀 필요가 있어 보인다. 사실 우리의 생각만큼 토익 자체가 그다지 권위 있는 시험이 아니다. 유독 우리나라만 '토익증후군'을 앓고 있을 뿐. '위키피디아 Wikipedia'에서는 토익을 이렇게 소개한다. "낮은 수준의 리딩과 리스닝 같은 소극적 표현 능력만을 다룬다는 한계 때문에 한국 외에는 거의 응시생이 없으며 ETS가 발표한 통계에 따르면 매년 거의 90퍼센트에 가까운 응시생이 한국의 수험생들이다."

하지만 현실적으로 토익 점수가 없이는 기업에 지원하는 것조차 여의치 않으니 아예 응시하지 않을 수는 없을 테다. 다만 소리영어로 영어를 완성하고 나면 토익은 아무것도 아니라는 사실

왔노라, 들었노라, 말했노라!

을, 당신도 알게 되면 좋겠다.

　오프라인 집중반에서 1년 만에 영어를 완성한 서지형 씨가 있다. 그녀의 영어 구사 능력은 현지인들이 "어느 동네에서 왔냐"고 물을 정도이다. 요즘 그녀의 취미는 원서를 읽으며 어려운 어휘나 표현을 익히는 것이다. 토익 점수는 490점이었으며, 영어를 반쯤은 포기한 상태였다. 영어 완성 후에 시험 삼아 토익에 응시해 보았는데, 점수는 945점이었다. 듣기 파트는 어이가 없을 정도로 너무 쉽고 간단했으며 독해 파트 역시 어려움 없이 풀어 나갈 수 있었다고 한다. 생각해 보면 너무나 당연한 결과이다. 영어를 완성해서 원어민처럼 영어를 구사하는 사람이 토익 시험을 봤으니 어려우면 그게 오히려 이상한 거라 하겠다. 미국 사람이 토익을 보는 것과 별반 다르지 않을 테니 말이다.

　해결되는 것은 비단 토익뿐만이 아니다. 이제 고등학교 졸업을 앞두고 있는 전호인 양은 수능 외국어영역 준비를 전혀 해본 적이 없다. 이미 중학교 때 영어를 완성했기 때문이다. 엄마를 따라왔다가 흥미를 느낀 후 학교에 다니는 것 대신 소리영어에서 1년간 영어 익히는 것을 택했다. 영어를 완성하고 고등학교에 들어가니 내신과 수능 모의고사가 그녀를 기다리고 있었다. 따로 시험

준비를 하지 않음에도 불구하고 내신이든 모의고사든 모두 만점을 맞았다. 호인 양은 내신과 수능에 매달리는 대신 재미있는 원서를 골라 읽고, 관심 있는 전공을 위해 외국 대학 진학을 차근차근 준비하고 있다.

진짜로 영어를 원어민처럼 잘하게 된다면, 심지어 토익 점수가 없다고 해도 전전긍긍할 일은 없을 것이다. 이력서와 자기소개서에 당당히 토익 점수가 없다고 쓸 수도 있겠다.

"저는 토익에 응시하지 않았습니다. 토익 점수가 아무리 높아도 영어를 듣고 말하지 못한다는 사실을 여러분도 잘 아시리라 믿습니다. 토익 성적이 좋은지 나쁜지 판단하는 게 아니고, 영어를 제대로 사용할 줄 아는 사람인지를 판단하고자 한다면 토익 점수를 보지 말아주시길 바랍니다. 저는 영어를 우리말 수준으로 듣고 말할 수 있습니다. 귀사에서 영어를 우리말처럼 구사할 수 있는 사람을 뽑고자 한다면 저를 뽑으시고, 영어를 듣고 말하지 못해도 좋으니 토익 점수만 높은 사람을 뽑고자 하신다면 다른 사람을 뽑으셔도 좋습니다."

이렇게 자기소개서를 쓴다면 어떨까 즐거운 상상을 해본다.

**왔노라, 들었노라,
말했노라!**

읽기는 술술, 쓰기는 수월

 앞서 3단계에 들자 말문이 터진 수강생의 이야기를 실었다. 영어로 말을 자유자재로 하기 시작했다면 읽기나 쓰기는 어떨까?

영어 완성자들이 하는 공통된 경험이 하나 더 있다. 영어로 된 원서를 펼치면 놀랍게도 글씨들이 한눈에 들어오는 경험이다. 국내 작가가 쓴 책을 읽고 있는 거라고 착각할 만큼 빠져들어 한 페이지 한 페이지 계속 넘겨 가는 자신의 모습을 발견하게 된다. 머릿속으로 굳이 문장을 번역하려는 생각이 들지 않는 것은 당연하다. 그래서 편하게 책을 읽을 수 있는 것이다. 불과 1년 만에 듣기와 말하기, 읽기를 하게 된 것, 기적이라고도 할 수 있는 이 모습은 소리영어에서는 자연스럽고 당연한 일이다. 영어의 코어가 완성되면 그 무엇을 해도 다 할 수 있다. 원서나 영자신문을 읽는 것도 마찬가지이다. 영어 소리를 듣고 말하게 되는 것은 영어의 모든 영역에 영향을 끼친다.

흔히 언어를 배울 때 읽기, 쓰기, 듣기, 말하기를 함께 하려고 드는 사람이 많다. 그러나 듣기와 말하기가 가능하다면 읽기는 당연히 따라오는 수순이다. 쓰기는 듣기와 말하기의 다음 영역이며, 말을 자유롭게 할 줄 알면 그것을 글로 쓸 수 있는 것은 당연하다. 잘 쓴 글을 읽어 버릇하면 더 완성도 있고 깔끔한 글을 쓸 수 있게 된다.

"영어를 잘하면 당연히 영어로 글도 잘 써야지!"

이런 말을 하는 분이 있다면 시험 삼아 본인의 한국어 작문 실력을 한번 돌아보시길 권해드린다. 인터넷만 봐도 틀린 한글 맞춤법이 가득하다. 스마트폰이 보급되면서 맞춤법에 대한 무관심은 점점 더 커지는 실정이다. 앞뒤 호응이 맞지 않는 한국어 문장을 찾는 것도 너무 쉽다. 틀린 맞춤법과 주술호응이 안 되는 문장을 쓰는 이들이 과연 한국어를 잘 못하는 사람들일까? 의사소통이나 학교생활, 회사생활에 문제없이 잘사는 사람들이다. 틀린 줄도 모르고 잘만 산다. 틀리는 것이 당연하다는 소리가 아니다. 모국어를 쓰면서도 본인이 노력하지 않으면 글을 잘 쓰는 게 어렵다는 뜻이다. 말이 나온 김에 우리나라 사람들이 쉽게 실수하는 맞춤법들을 한번 살펴보자.

한국인들이 SNS에서 가장 많이 틀리는 맞춤법 Best 6

순위	X	O
1위	예기하다	얘기하다
2위	오랫만에	오랜만에
3위	문안하다	무난하다
4위	않돼 / 안되	안돼
5위	병이 낳다 / 병이 낫다	병이 낫다
6위	어의없다	어이없다

그럼 미국인들의 단어 실력은 어떨까? 다음의 지도는 미국 주^{States}별로 "How to spell", 즉 어떤 철자법을 가장 많이 구글링했는지 통계를 나타낸 지도이다. 우리가 이미 익히 알고 있는 단어가 대부분이다. 알래스카 사람들은 '하와이^{Hawaii}', 미네소타 사람들은

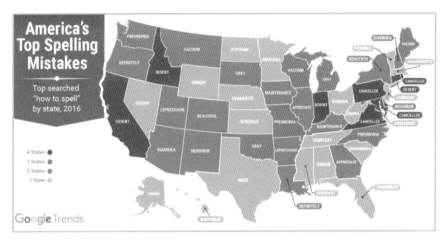

미국인들은 어떤 철자법을 헷갈려할까?
© Google Trends

'브로콜리Broccoli', 오하이오 사람들은 '바나나Banana' 스펠링을 어려워한단다. '회색Gray'이 헷갈린다고 꼽은 주도 세 군데나 된다.

이렇듯 작문이란, 나름대로 언어의 고급 기술이기 때문에 책을 읽고 틈틈이 써보고 노력을 해야 얻을 수 있는 스킬이다. 실제로 프랑스에서는 초등학교 3학년부터 집중적으로 모국어 작문 공부를 시킨다. '바칼로레아'라는 프랑스 대입시험은 철학적 주제에 대해 완성도 있는 글을 써 내야 하는 방식이다. 프랑스가 자국 언어에 굉장한 자부심을 갖고 세밀한 관심을 기울이는 것도 어릴 석부터 쌓아온 논리와 작문 공부의 영향이 클 것이다.

왔노라, 돌았노라,
말했노라!

소리영어 완성자들도 책을 자유롭게 읽기 시작하면서 작문에 대한 감을 잡기 시작한다. 이미 영어로 말을 자유롭게 하는 상태이기 때문에 영어 글쓰기에 접근하는 것도 수월하게 느낀다. 듣고 말하지도 못하는데 글을 쓰겠다고 덤비는 것이 얼마나 이치에 안 맞는 것인지는 이제 당신도 잘 아실 거라 생각한다.

영어 잘하게 되면
뭐가 제일 하고 싶으세요?

영어를 통해 꿈꾸는 제2의 인생

 영어를 원어민처럼 잘하게 되면 어떨지 한번 상상해보자. 상상만으로도 행복하고, 뿌듯하고, 마음이 편하고, 자유로운 느낌이 든다. 소리영어 완성자들은 다음과 같은 단계로 자신의 영어를 다듬어 나간다. 신문, 잡지나 책을 보면서 자유롭게 토론을 하는 것은 원어민 학생들도 학교에서 많이 하는 활동이다.

4단계

가볍고 일상적인 대화를 자연스럽게 한다. 온라인과 오프라

**왔노라, 들었노라,
말했노라!**

인 모임을 통하여 자신의 생각을 말로 표현하는 단계이다. 그동안 흡수된 표현들을 통해 자연스럽고 편안하게 말할 수 있게 된다. 이 단계에서는 원어민들은 일상적으로 사용하지만 우리에게는 낯선 표현들이 제공되어 대화를 유창하게 이끌어갈 수 있는 표현력을 갖추게 된다.

◯ 5단계

깊이 있는 대화가 가능하다. 온라인과 오프라인을 통해 익히는 심화된 형식의 말하기 단계로써, 일상적인 대화를 나누는 수준을 넘어서서 상대방을 설득할 수 있도록 자신의 의견을 정리하고 표현할 수 있다. 신문, 잡지와 같은 매체나 독서활동을 통해 어휘력과 표현력을 극대화하여 토론이 가능하도록 말과 생각을 다듬는다.

이런 단계를 거치면서 해외 유학이나 해외 지사 지원, 해외 취업, 이민 등에 대해 결심하는 분들이 많다. 원어민처럼 듣고 말할 수 있으니 외국에 가서 꿈을 펼치는 것에 대한 두려움이 사라지게 되는 것이다. 이렇게 영어를 완성해 제2의 인생을 준비하시는 분들을 보면 정말 뿌듯하다. 그분들이 영어라는 가장 큰 두려

움과 장벽을 없애는 데 큰 도움이 된 것 같아 기쁘기 그지없다.

　당신은 영어를 원어민처럼 잘하게 되면 무엇을 가장 하고 싶은가? 미드와 영화도 보고, 해외 언론사의 뉴스도 자유자재로 볼 것이다. 해외여행을 가서 외국인 친구도 자유롭게 사귀게 될 것이다. 누구나 꿈꾸던 일이다. 이처럼 영어를 완성해 놓으면 학교에서든, 직장에서든, 하다못해 취미생활에서도 영어 때문에 스트레스 받을 일이 없어진다. 그야말로 '영어 해방'이다. 지극히 간단하고 효율적인 연습으로 영어를 손에 넣었으니, 그 다음엔 원하는 다른 일을 하면 된다. 남은 평생을 '영어를 원어민처럼 잘하는 사람'으로 사는 것이다.

영어를 완성하는 10가지 좋은 습관

Slow and Steady

1

절대 조급해하지 않는다

영어의 소리는 우리말과 다르기 때문에 귀에 익숙해지기 위해서는 충분한 시간이 필요하다. 지금 당장 들리지 않는다고 해서 포기하지 말길 바란다. 원음 소리와 가이드 소리를 듣고 발성에 집중해 소리 내는 연습을 꾸준히 한다면, 반드시 영어를 모국어처럼 완벽하게 익힐 수 있다.

2

무조건 반복만이 살 길이다

매일매일 정해진 분량을 듣고, 꾸준히 따라하는 과정
을 통해 비로소 우리말처럼 자연스러운 영어를 구사할
수 있게 된다. 아이가 처음 '엄마'라는 말을 배울 때에
도 반복해 소리를 내고 발음을 다듬어 가는 것처럼 영
어 역시 계속 듣고 말하는 연습이 필요하다.

3

자투리 시간을 잘 활용하자

원음 소리와 가이드 소리를 들으며 진짜 영어의 소리에 자연스럽게 노출되는 생활이 필요하다. 출퇴근 시간에 즐겨 듣던 가요 대신 영어 가이드 소리를 들어보는 건 어떨까. 영어 완성의 시기를 앞당길 수 있는 좋은 방법이다.

4

원음 소리에 의구심을 갖지 않는다

내 귀에 들리지 않는다고 해서 잘못된 소리라 의심하지 마라. 영어 소리가 들리지 않는 건 자신의 귀와 입이 영어 발성에 익숙하지 않기 때문이다. 영화배우가 빨리 말해서, 사투리를 많이 써서 들리지 않는 게 아니다. 호흡과 리듬이 실린 가이드 소리를 들으며 발음을 훈련하면 점차 원음 소리가 선명하게 들리게 된다.

5

기존의 학습법을 과감하게 버려라

단어 암기, 문법, 독해 등 기존에 영어를 배우던 학습법
은 과감히 내던져야 한다. 그렇게 공부했기 때문에 아
직까지도 영어를 듣고 말하지 못하는 것이기 때문이
다. 소리영어가 제시하는 순서에 따라 영어 소리를 그
대로 흡수하자.

6

자기 소리를 버리고
철저하게 가이드를 따르라

지금껏 잘못된 발음으로 '콩글리시'를 구사하던 과거는 잊어버리고, 철저하게 강의에 따라 발음을 연습해야 한다. 가이드를 따라 연습하다 보면 우리말과 영어 소리의 차이를 알고, 원어민의 발성과 유사하게 소리낼 수 있다.

7

스크립트가 아닌 소리에 집중하라

영화를 볼 때 대사를 찾는 건 한국인의 고질적 습관이다. 먼저 소리를 듣고 따라하는 것이 중요하다. 가이드 소리를 듣거나 원음 소리를 들을 때, 스크립트를 보며 문장을 해석하려 하지 말고 온전히 귀에 들리는 소리에만 집중하자.

8

자신의 소리를 녹음하며
점차 발전하는 모습을 즐겨라

듣는 것만큼이나 소리를 똑같이 따라 말하는 게 중요
하다. 제대로 발음하고 있는지를 체크하려면 자신이
내는 소리를 녹음해 들어보는 것도 좋은 방법이다. 일
주일에 한 번이라도 꼭 소리를 녹음해 들어보자. 시간
이 지날수록 자신이 내는 소리가 원음에 점점 가까워
지는 놀라운 변화를 경험하게 된다.

9

오늘 배운 문장에만 집중하라

과욕은 금물! 하루에 너무 많은 문장을 습득하려 하지
말자! 한 문장이라도 충분히 반복해서 듣고 소리 내는
것이 중요하다.

10

성공하는 사람은 성공할 때까지
노력하는 사람임을 잊지 말라

천천히 그리고 꾸준하게 노력하는 과정을 거쳐야만 원
어민처럼 영어를 듣고 말할 수 있다. 영어 완성자가 되
는 가장 빠르고 정직한 길은 완성할 때까지 멈추지 않
는 것이다.

간혹 중간에 영어 익히기를 포기하고 마는 분들이 있다. 한 영문과 3학년 학생이 그런 경우였다. 그 학생은 온 지 얼마 되지 않아 흥분을 감추지 못했다. 온갖 유명 학원의 영어 강의는 다 들어봤지만 이렇게 빠르고 선명하게 영어 소리가 들리는 경험은 처음이라며 놀랐다. 무척 열정적으로 가이드를 잘 따라왔다. 그러던 어느 순간 영어 익히기를 멈추고 말았다. 6개월쯤 되자 자기 스스로 발전이 없다고 느끼며 급격하게 흥미를 잃어버린 것이다. 왜 그랬을까? 지금까지 영어를 익혀왔던 방식을 완전히 버리지 못했기 때문이었다. 20년 가까이 학습을 통해 익히고 세뇌된 영어 공부 방식을 떨치지 못한 것이 원인이었다. 너무나도 안타까웠다. 의심을 버리고 단계만 차근차근 밟으면 듣기와 말하기는 물론 그토록 원하던 읽기와 쓰기까지 할 수가 있는데, 의구심과 조바심 때문에 모든 걸 이루지 못한 것이다.

혼자서 비슷한 방법으로 공부하면 안 되냐고 묻는 분들도 있다. 물론 내가 혼자서 발견하고 혼자 힘으로 해온 것처럼 똑같이 할 수도 있겠다. 다만 이 말만 꼭 해드리고 싶다. "왜 그 힘든 고생길을 혼자 가려고 하시나요."

혼자서 10년을 꼬박 고생했던 사람으로서, 당신은 부디 그러지 않기를 바란다. 영어교육을 시작하게 된 것은 100만 달러를 날리고 10년을 고생하며 배운 영어 완성의 비결을 혼자 알고 있는 게 너무나 아까웠기 때문이다. 당시 겪었던 후회나 아쉬움을 느끼지 않도록, 영어 때문에 하고 싶은 일에 발목 잡히지 않도록 도움을 드리고 싶다. 혼자 하면 10년, 아니 죽을 때까지 영어를 완성할 수 없을지도 모른다. 그러나 함께하면 1년, 길어야 2년 안에 모든 것이 끝난다. 믿고 따라오면 누구나 영어를 잘할 수 있다. 원어민처럼 듣고 말할 수 있다.

책을 시작하며 꿈이 하나 있다고 말씀드렸다. '소리영어'라는 이 방법이 널리 퍼져서 누구나 영어를 쉽게 듣고 말하게 되는 것이다. 이제 당신은 소리영어가 어떤 원리로 작용하는지, 그 방법과 효과가 어떤 것인지 자세하게 알게 되었다. 이제 한번 시작해 보시길 바란다. 1년 후, 당신이 이 책을 만난 순간을 떠올리며 감사하게 될 날을 기다린다. 망설이지 말고 믿고 따라와 주시길 바란다. 당신의 영어를 끝까지 책임지겠다.

말할 수 없는 비밀
들리지 않는 진실

ⓒ 윤재성

1판 1쇄 2017년 1월 5일
1판 4쇄 2017년 2월 6일

지은이 윤재성
편집인 고윤희
펴낸이 송사랑
펴낸곳 베리북
　　　서울시 종로구 삼봉로 81 (03150)
전화　　02-723-6218
팩스　　0303-3130-6218
이메일 verybook2@gmail.com
출판등록 2014년 4월 3일 제406-2014-000002호

그림　　ⓒ조성민 www.graphite-lab.com
디자인 박소희

ISBN　979-11-954465-6-8 03300
값 12,000원